新型城市化下旅游与文化产业融合研究

汪艳 程鹏 方微 ◎著

河海大学出版社
HOHAI UNIVERSITY PRESS

图书在版编目（ＣＩＰ）数据

新型城市化下旅游与文化产业融合研究 / 汪艳，程
鹏，方微著． -- 南京：河海大学出版社，2019.5（2024.8 重印）
　　ISBN 978-7-5630-5937-9

　　Ⅰ．①新… Ⅱ．①汪… ②程… ③方… Ⅲ．①旅游业
－产业融合－文化产业－产业发展－研究－中国 Ⅳ.
① F592.3 ② G124

中国版本图书馆 CIP 数据核字（2019）第 063813 号

书　　名 / **新型城市化下旅游与文化产业融合研究**

书　　号 / ISBN 978-7-5630-5937-9

责任编辑 / 齐　岩　毛积孝

特约编辑 / 李　路　高　焕

装帧设计 / 刘昌凤

出版发行 / 河海大学出版社

地　　址 / 南京市西康路 1 号（邮编：210098）

电　　话 / （025）83722833（营销部）

　　　　　 / （025）83737852（总编室）

经　　销 / 全国新华书店

印　　刷 / 三河市元兴印务有限公司

开　　本 / 710 毫米 ×1000 毫米 1/16

印　　张 / 12.25

字　　数 / 151 千字

版　　次 / 2019 年 5 月第 1 版

印　　次 / 2024 年 8 月第 2 次印刷

定　　价 / 68.00 元

前　言

　　新型城市化的发展是以科学发展观为指导，以新型工业化为动力，在城乡一体化过程中实现的人文、环境和社会友好和谐的全面可持续发展。这必然要求国家产业发展结构的重心从以第二产业为主导升级优化为以第三产业为主导，社会公众提高生活品质的方式也从最初对物质的追求转向对物质和精神的双重追求，而且社会生产力越是发展，公众对精神需求的依赖程度越高。旅游产业和文化产业都是带动性极强的综合性第三产业。旅游产业是以旅游业生产力六要素吃、住、行、游、购、娱为核心，利用旅游设施，以旅行社为产业龙头，由一系列行业部门组成的集社会、经济、文化、环境于一体的综合产业；文化产业则是一种借助生产、流通、消费、再生产的过程，将文化产品转化为文化商品的产业。旅游产业和文化产业都能为公众提供满足精神需要的产品，这一点已经获得了社会的认可。过去以自然风光观赏为主要内容的旅游产业，如果继续过分依赖自然资源，不仅气候、传播性疾病等不确定因素是不可克服的障碍，还由于当时过分追求经济利益，环境污染、资源过度消耗等问题伴随城市化步伐的加快也日益严重，旅游产业的可持续发展遭遇了危机。与此同时，社会公众创造出各种地域文化，也需要享受这些文化，可如果地域文化的继承和传播只限于产业内的平台，则必然会影响其传播广度和深度。如果旅游产业能够以文化为内涵，品质自然提升；文化产业若是以旅游为形式，活力自然迸发。

　　旅游产业和文化产业如果能实现有机融合，将会使旅游者在游览自然的同时享受更有内涵的学术性文化，也能实现对生态环境的最小化扰动。而且文化的大力产业化，能充分吸纳劳动力，有助于城乡统筹发展逐步渗透到经济整体发展中，有利于城乡差别的消失和社会公平的实现，更是对十九大报告中经济建设、政治建设、文化建设、社会建设、生态文明建设"五位一体"总布局的积极响应。

I

本书第一部分介绍了研究的背景和意义，梳理了相关文献，对"工业化"和"城市化"，"新型工业化"和"新型城市化"，产业结构及其升级，城市化和产业结构升级的互动，新型城市化与旅游产业，新型城市化与文化产业，产业融合的一般概念、动因和意义，旅游产业的产业融合，文化产业的产业融合等进行了综述，并介绍了本书的研究内容和方法。

第二部分对产业、旅游及旅游产业、文化及文化产业、市场和文化旅游市场、文化旅游和旅游文化等概念进行了界定，并从经济学属性出发从无形产品、体验性、不可转移性、生产和消费的同步性、需求价格弹性、需求收入弹性等角度分析了文化旅游市场产品的特征，并分析了旅游产业和文化产业融合的内容及互动机制。

第三部分从宏观视角探讨了文化和旅游融合的必要性，同时也从微观角度探讨了文化和旅游融合的必要性。通过分析文化旅游产品需求的决定因素研究了需求如何引致文化和旅游的融合；通过分析文化旅游产品供给的决定因素，并以徽州水口为例说明了文旅融合中的文化产品供给旅游化和旅游产品供给文化化，研究了供给如何引致文化和旅游的融合。

第四部分介绍了旅游产业和文化产业融合的理论基础，分析了旅游产业具有引领多产业发展、消除二元经济结构、推动产业结构升级、增加资金积累和外汇收入、迎合经济的可持续发展等功能，也分析了文化产业具有满足民众对精神文化的需求、促进产业结构的调整和优化升级、深化文化体制的改革、增强国家综合竞争力、顺应可持续发展理念等功能。

第五部分介绍了国际旅游城市——黄山市的概况，分析了黄山市旅游产业和文化产业的发展现状，针对黄山地域文化——徽文化与旅游产业融合的现状，和在有机融合过程中存在的系列障碍，从宏观体系和微观供需体系构建的双重角度为文旅融合的有效形式提出了相关对策。

本书是安徽省教育厅高校人文社会科学重点研究项目 SK2017A0381，基地重点研究项目 SK2016A0876，一般研究项目 SKHS2015B04 和人文重点研究项目 SK2015A531 的研究成果。本书写作过程中得到了项目组成员的大力支持。具体分工为：第一章"绪论"、

第二章"旅游产业和文化产业的界定"和第四章"旅游产业和文化产业融合的可行性"由汪艳执笔；第三章"旅游产业和文化产业融合的必要性"由程鹏执笔；第五章"旅游产业和文化产业融合的促进——以黄山为例"，有关数据资料由方天霞搜集和整理，并由方微和汪艳共同执笔。本书写作过程中得到了汪颖玲的建议，且引用了其他作者的观点并做了相应标注，在此一并表示感谢！书中不到之处，敬请同行专家不吝批评指正。

汪艳

2018 年 8 月于黄山

目录

‖ 第一章 绪论

‖ 第二章 旅游产业和文化产业的界定

‖ 第三章 旅游产业和文化产业融合的必要性

‖ 第四章 旅游产业和文化产业融合的可行性

‖ 第五章　旅游产业和文化产业融合的促进——以黄山为例

第一章

绪论

一、研究背景和意义

不同产业以及同一产业内部不同行业之间的相互交叉、相互渗透逐渐模糊原有的产业边界，并产生一种新的产业形态，这种现象就是产业融合。产业融合使原来基于产业分工的产业经济理论面临着巨大的挑战，作为一种革命性的产业创新现象，它在世界范围内都存在，受到了政府及学术界的广泛关注，其在中国经济发展中也表现得愈加频繁，尤其是旅游产业。2009 年，国务院出台了《关于加快发展旅游业的意见》，指出"强化大旅游和综合性产业观念"，产业融合被确定为实现旅游产业发展的重要方向之一，这是旅游产业融合首次被提升到国家战略层面。在 2010 年全国旅游工作会议上，国家旅游局进一步明确了通过加强旅游产业与第一、二、三产业融合发展来培育战略性支柱产业的工作思路。随之，全国各地的旅游产业融合无论是领域还是深度大为拓展，有所加强[1]，而与旅游产业结合最紧密的莫过于文化产业了。

工业化是各国经济发展的必然阶段，工业化带来了城市化，只有经过城市化的洗礼之后，人类才能迈向更为辉煌的时代。我国不断加快的城市化进程从根本上改善了公众的物质生活，提高了社会文明程度，然而，城市化过程却不只是一曲美妙的乐章，像很多进步一样，城市化过程中也夹杂着许多不和谐之音，城市人口急剧膨胀，高楼林立，工厂、车辆增多，形成了交通拥挤以及环境污染，由于人类活动产生大量的固体和气体废物，水质与空气被污染，噪音、光、热及视觉污染给居民的基本生存环境造成严重威胁，整体自然生态系统十分脆弱，可持续发展受到严重

---

[1] 宋子千. 旅游业应增强产业融合的主动性 [J]. 旅游学刊, 2011(4).

的挑战。为此，党的十六大报告（2002）中明确提出大力实施科教兴国战略和可持续发展战略。十七大报告（2007）中进一步提出加强能源资源节约和生态环境保护、增强可持续发展能力的要求。十八大报告（2012）中更是第一次单篇展现"生态文明"的美好及要求，提出坚持走中国特色新型工业化、信息化、城镇化、农业现代化道路，推动信息化和工业化深度融合、工业化和城镇化良性互动、城镇化和农业现代化相互协调，促进工业化、信息化、城镇化、农业现代化同步发展。将新型城市化明确作为我国经济增长的"中长期动力"，表明新型城市化建设开始成为我国的重要发展战略之一。

相比于传统城市化，新型城市化的"新"在科学发展观指导下坚持以人为本，将新型工业化为动力，以统筹兼顾为原则，就是要由过去片面注重追求城市人口增长、规模扩大、空间扩张，改变为以提升城市的文化、公共服务等内涵为中心，以经济的可持续发展为目标，真正使我们的城市成为具有较高品质的适宜人居之所。新型城市化的实现需要三大动力，即支撑型动力——城市生态环境的构建、牵引型动力——财政金融的支持以及加速型动力——产业结构升级共同推动[2]。

旅游产业被誉为"21世纪的朝阳产业"，文化产业同样也是21世纪的新兴产业，两者都是具有重要地位的综合性第三产业，都具有关联度高、带动性强的特点，具有产业结构升级的天然优势，有利于经济的可持续发展，成为新型城市化道路上有

---

[2]　　汪艳. 低碳经济范式下新型城市化三大动力研究 [M]. 合肥：中国科学技术大学出版社 , 2014.

力的加速器。而且它们更易发生渗透、交叉和融合[3]，具有天然的耦合性[4]。旅游产业会因为文化产业的渗透而变得丰富多彩，富有品位；文化产业也会因为旅游产业而变得生机勃勃，富有活力。尤其是2011年党的十七届六中全会对推进文化改革发展做出了全面部署，在《中共中央关于深化文化体制改革、推动社会主义文化大发展大繁荣若干重大问题的决定》和《国家"十二五"时期文化改革发展规划纲要》中明确提出了推进文化产业转型升级，推进文化科技创新，改造提升传统产业，培育发展新兴文化产业。由此，我国文化产业发展进入了黄金机遇期。

2013年"一带一路"的提出，进一步明确了中国未来文化旅游产业的发展方向。国务院同期发布的《关于促进旅游业改革发展的若干意见》明确提出，要推动创新文化旅游产品发展。为增强和彰显文化自信，统筹文化事业、文化产业发展和旅游资源开发，提高国家文化软实力和中华文化影响力，推动文化事业、文化产业和旅游产业融合发展[5]，党的十九大报告（2017）进一步强调了文化的重要性在于文化是一个国家、一个民族的灵魂。文化兴国运兴，文化强民族强。要坚持中国特色社会主义文化发展道路，激发全民族文化创新创造活力，建设社会主义文化强国。

2018年3月通过的国务院机构改革方案，国家旅游局与文化部合并，不再保留原文化部、国家旅游局，而是将文化部、国家旅游局的职责整合，组建文化和旅游部，作为国务院组成部门。其主要职责是，贯彻落实党的宣传文化工作方针政策，

---

[3]　邱瑛，祁颖.旅游产业与文化产业融合发展的模式与路径研究[J].经济研究导刊,2015(5).

[4]　明庆忠，张瑞才.推动文化产业与旅游产业融合提升[N].人民日报,2009-08-14(7).

[5]　王勇.组建文化和旅游部　不再保留文化部、国家旅游局[EB/OL].[2018-3-13].http://www.xinhuanet.com/politics/2018lh/2018-03/13/c_137035413.htm.

研究拟订文化和旅游工作政策措施，统筹规划文化事业、文化产业、旅游产业发展，深入实施文化惠民工程，组织实施文化资源普查、挖掘和保护工作，维护各类文化市场包括旅游市场秩序，加强对外文化交流，推动中华文化走出去等。文化部和国家旅游局的合并，对于提高我国文化软实力和中华文化影响力、产生新的国民经济增长点、推动文化产业和旅游产业融合发展是极其必要的。同期颁布的《国务院办公厅关于促进全域旅游发展的指导意见》中提出，虽然我国经济发展速度比较快，产业格局逐渐调整升级，格局也比较完善，但还是存在诸多的问题。所以，随着大众旅游时代的到来，积极推动文化旅游产业间融合成为了我国旅游产业供给侧结构性改革、转型升级的一个重点方向，旅游产业应积极面对市场需求的变动，提升内涵品质。与此同时，文化产业借助有效媒介，将民族文化精华传播，创造和延续旅游产业和文化产业双向的可持续发展。如果旅游产业和文化产业能实现有机融合，将会使旅游者在自然观光游览的同时得到更加深刻的学术性文化享受，也能最小化对生态环境的扰动，而且文化的大力产业化，能充分吸纳劳动力，有助于城乡统筹发展自然而然渗透到经济整体发展中，利于城乡差别的消失和社会公平的实现，这必然成为促进我国新型城市化发展的中坚力量，必将是对十九大报告中对经济建设、政治建设、文化建设、社会建设、生态文明建设"五位一体"总布局新的全面部署的积极响应。

二、研究现状综述

（一）关于"工业化"和"城市化"

工业化是推动整个国家或地区从经济不发达到发达这样一个过程的动力，工业化过程提供了现代生产方法，使生产率大大提高，创造了比传统社会多得多的财富，它可以提供多样化的产品，从而满足消费者的求新需求，带动工业部门持续发展，更主要的是工业的不断扩张可以吸纳巨大的农村剩余劳动力。为此，在工业化的过程中，其本身要求资本、人口、劳动力等集中到一定程度，这个过程就是城市化。而城市的集中特性所带来的聚集经济效益，又会推动工业化，形成工业化和城市化互动的机制。著名的经济学家马尔科姆·吉利斯在其《发展经济学》一书中也指出："随着工业的发展，今天的城镇化趋势在各国比较中已十分明显。虽然各国之间收入水平的差别很大，然而经济发展与城镇化的关联是毫无疑问的。"

经济学意义上的城市化是伴随农村剩余劳动力向城镇转移，第二、三产业逐渐向城镇集聚，即经济空间中就业、产业结构优化升级的过程[6]。周一星等（1995）认为城镇化是一种影响极为深广的社会经济变化过程，它既有人口和非农业活动向城镇化转型、集中、强化和分异，以及城镇景观的地域推进等人们看得见的实体变化过程，也包括了城市的经济、社会、技术变革在城市等级体系中的扩散并进入乡村地区，甚至包括城市文化、生活方式、价值观念等向乡村地域扩散等较为抽象的精神上的变化过程，前者是直接的城镇化过程，后者是间接的城市化过程[7]。

党的十五届四中全会（1999）通过的《关于制定国民经济和社会发展第十个五年计划的建议》正式采用了"城镇化"一词，这是中国首次在最高官方文件中使用"城镇化"。党的十五届五中全会（2000）将城镇化提高到了国家战略的高度，这次会议通过的《中共中央关于制定国民经济和社会发展"十五"计划的建议》指出："随着农业生产力水平的提高和工业化进程的加快，我国推进城镇化的条件已渐成熟，

---

[6] 向德平. 城市社会学 [M]. 北京：高等教育出版社，2005.

[7] 周一星，史育龙. 建立中国城市的实体地域概念 [J]. 地理学报，1995(4).

要不失时机地实施城镇化战略。"农村人口数量庞大，人均耕地少，工业发展起步晚，城市化水平低，是我国的基本国情。这一国情导致农村劳动力一直供大于求，只不过在计划经济时期处于隐性状态。改革开放后，农业生产体制发生革命性变革，"家庭联产承包责任制"使农民获得了土地的使用权和经营权，解除了对农民经济活动的诸多限制，劳动生产率迅速提高，短缺经济和计划经济下将农民禁锢在农村的粮油副食品定量供给彻底改观，人多地少的矛盾开始凸显出来。推进城市化能促进我国农村剩余劳动力的转移，解决人口结构性的矛盾；城市人口规模扩大可以拓展第三产业发展空间，创造更多的就业岗位，缓解就业压力，提高农民收入。

世界各发达国家社会经济发展的历史，无一例外地经历了农村劳动力向城市非农产业转移的过程。从根本上讲，城市化是伴随工业化的自然发展过程。在一个实现了现代化的国家，农村人口占多数是不可想象的，没有城市化就不可能实现现代化。中国作为发展中国家，正处于工业化的社会阶段，城市化也不可避免地成为不可绕开的发展之路。国内学者对于我国城市化发展阶段的划分有不同看法。比如顾朝林（2000）将我国的城市化分为四个阶段：1949—1957 年为起步阶段，1958—1965 年为大起大落阶段，1966—1978 年为停滞阶段，1979—1998 年为恢复与发展阶段[8]。冯尚春（2005）认为我国的城市化进程大体上经历了三个阶段：1949—1957 年的加速发展阶段，1958—1978 年的停滞徘徊阶段，1978 年以后的快速发展阶段[9]。叶裕民（2001）以 1978 年改革开放为分界线，将中国的城市化历程分为两个阶段，即 1949—1978 年城市化的停滞和低速增长阶段为第一阶段，1978—2000 年城市化的迅

[8] 顾朝林. 经济全球化与中国城市发展 [M]. 北京：商务印书馆, 2000.

[9] 冯尚春. 中国特色城镇化道路与产业结构升级 [J]. 吉林大学社会科学学报, 2005（5）.

速推进为第二阶段[10]。

马克斯·韦伯（1958）认为儒家思想维持了封建士绅阶级的强大地位，从而阻碍了中国的资本主义的城市化发展，并且认为西方文化和价值观有助于中国城市发展[11]。与西方国家不同的是，中国城市化进程与政策、制度安排紧密关联：1978 年以前提倡先生产后生活，建设生产性城市而非消费性城市，由此导致我国的产业结构发展超越了以轻工业为中心的发展阶段和以基础工业为中心的发展阶段，造成轻重工业失衡，且由于具有劳动密集型的轻工业难以发展，农业剩余劳动力的转移受到极大的限制；1978 年以后虽然发展战略有所改变，但那之后工业发展的主要贡献者是乡镇企业，而乡镇企业是相对分散的，高成本、低效益的农村工业化不足以带动产业结构的优化[12]。

（二）关于"新型工业化"和"新型城市化"

我国人口总量巨大是基本国情。据测算，在未来的 2020 年到 2040 年，我国将遇到人口三大高峰：大约在 2020 年左右，劳动年龄人口将达到最高峰；2030 年，总人口将达到最高峰；2040 年，老年人口将达到最高峰。人口及就业问题的压力，使得就业和社会稳定的压力增大[13]。除却人口，翟振武等（2000）认为我国面临的资源和环境压力，决定了我们必须创新工业发展思路，走新型工业化道路[14]。

[10]　叶裕民.中国城市化之路：经济支持与制度创新 [M].北京：商务印书馆,2001.

[11]　Max Weber. The City. New York: The Free Press, 1958.

[12]　刘敏.基于产业结构视角的中国城镇化道路研究 [D].上海社会科学院,2011.

[13]　孙学光.中国新型工业化进程分析与科学推进研究 [D].华中科技大学,2008.

[14]　翟振武，史梅，周围伟.跨世纪的主题——第二届全国人口、资源、环境与发展学术研讨会综述 [J].人口研究,2000(1).

党的十六大（2002）明确提出新型工业化道路与科学发展观，为我国转变经济发展方式指明了方向，即坚持以人为本，全面、协调、可持续的发展方式。新型工业化道路将创造出更多的就业岗位，是缓解并最终解决我国就业问题的有效途径。城市化道路与经济发展方式密不可分，在科学发展观指导中国全面发展的大背景下，我国的城市发展方式也需要进行调整。

吕政（2003）认为新型工业化有狭义和广义之分。狭义的新型工业化主要有三层含义：一是以信息化带动工业化；二是工业领域科技含量高，经济效益好；三是控制人口增长，使人口、资源、环境协调发展。广义的除具备上述三层含义外，还要突出解决制度、机制、经济增长方式等问题[15]。

李义平（2002）认为新型工业化是城市化、市场化的有机结合[16]。

相比传统工业化，江小涓（2002）认为新型工业化的"新"字，是相对于发达国家以往走过的传统工业化道路和我国过去的工业化道路而言的。和国际国内以往的工业化相比，"新"字一是体现在我们是在信息技术大发展的时代推进工业化；二是体现在现在我们是在全球化程度不断深化的基础上推进工业化，可以充分利用国内国际两个市场两种资源，在全球范围内配置资源；三是体现在经济发展与资源节约和环境保护并重；四是体现在工业发展要有利于农业劳动力的持续转移和城镇化程度的提高这两个重要方面。因此，新型工业化特别强调要使我国的人力资源优势得到充分发挥，处理好资金密集产业与劳动密集产业的关系[17]。

[15]　中国社会科学院工业经济研究所所长、著名经济学家吕政指出走新型工业化道路要把握十大要点 [J].上海机关动态,2003(3).

[16]　李义平.关于城市化的若干思考 [J].中原市场大观,2002(11).

[17]　江小涓.新型工业化：实现小康生活的必由之路 [J].人民论坛,2002(12).

安筱鹏等（2005）认为未来中国的新型工业化道路将呈现多种新的特征，如多元叠加的工业化、规模史无前例的工业化、高效率的工业化、结构优化的工业化、城乡协调发展的工业化、全球化背景的工业化、经济体制机制不断创新的工业化以及社会和谐发展背景下的工业化[18]。

所以，从内涵上来说新型工业化道路就是要充分运用最新科学技术和依靠科技进步的工业化，是提高经济效益和市场竞争力的工业化，是走可持续发展道路的工业化，是能够发挥我国人力资源优势的工业化[19]。

党的十八大报告（2012）提出坚持走中国特色新型工业化、信息化、城镇化、农业现代化道路，推动信息化和工业化深度融合、工业化和城镇化良性互动、城镇化和农业现代化相互协调，促进工业化、信息化、城镇化、农业现代化同步发展。将新型城市化明确作为我国经济增长的"中长期动力"，表明新型城市化建设开始成为我国的重要发展战略之一。

快速的城市化带来城市人口的增加、城市边界的延伸，毫无疑问城市基础设施、通讯、医疗保健、教育、文化、旅游、金融、保险等服务业的需求会激增。相比于传统城市化，新型城市化的"新"在科学发展观指导下坚持以人为本，以新型工业化为动力，以统筹兼顾为原则，就是要由过去片面注重追求城市人口增长、规模扩大、空间扩张，改变为以提升城市的文化、公共服务等内涵为中心，真正使我们的城镇成为具有较高品质的适宜人居之所。城市化的核心是农村人口转移到城镇，而不是建高楼、建广场。农村人口转移不出来，不仅农业的规模效益出不来，扩大内需也

[18]　安筱鹏，冉晓丹. 我国新型工业化道路的新特征分析 [J]. 经济前沿，2005 (7).

[19]　孙学光. 中国新型工业化进程分析与科学推进研究 [D]. 华中科技大学，2008.

无法实现[20]。从规模、空间、速度上推进的城市化发展步伐，新型城市化发展的根本内涵更具中国特色，是以科学发展观为指导，以新型工业化为动力，追求结构合理、集约高效、功能完善、环境友好、社会和谐、城乡一体的城镇发展过程，从而实现经济、人文、社会的全面协调的可持续发展。

喻新安（2013）认为要使新型城镇化"名至实归"，应进一步探究新型城镇化的真谛是什么。在他看来新型城镇化的真谛，是人的无差别发展。这是新型城镇化最本质、最核心、最关键的东西。一方面，城镇的一切应当围绕人来展开，要树立牢固的人本思想，创造良好的人本环境，倡导"创新、和谐、公平、自由"，形成良好的人本气氛，使城镇具有人情味，产生良好的为人服务的功能；另一方面，这里的"人"，泛指所有人，包括过去的"城里人"、新转入城里的人和还在农村生活的人，要能够促进所有人的自由而全面地发展，不能为了一部分人的利益，而损害另一部分人的福祉，不能为了城市的扩容，而付出太过昂贵的社会成本[21]。

姚士谋等（2014）认为新型城镇化是中国城镇化健康稳定发展的基本保证。但在某个时期或一些地区城镇化过速发展阶段，出现了无序的发展状态，大中城市边缘盲目扩展，水土资源日渐退化，生态环境遭受破坏，特别是有些政府决策人对城镇化的许多制约因素认识不足甚至决策失误，导致了城市环境出现许多不安全、不舒适的问题。应从地理空间与自然资源保护的角度，探索中国新型城镇化中有关认知中国新型城镇化的基本特征与新的路径，有关在全球经济一体化形势下构建新型城镇化的创新模式和在新型城镇化实施过程中认识中国城镇化本身的发展规律的三

---

[20]   新型城镇化 [EB/OL]. http://baike.so.com/doc/5369090.html.

[21]   喻新安. 新型城镇化究竟"新"在哪里 [N]. 中国青年报, 2013-04-15(2).

个理论与实践问题[22]。

吕丹等（2014）认为在内涵不断丰富的前提下提升我国新型城镇化的质量是必须面对的问题，通过在公共服务均等化和生态建设等新型城镇化的社会和生态内涵以及城镇化质量评价指标体系的基础上，进行客观和发展式的评价，提出了更加完整的新型城镇化质量评价指标体系的构建思路[23]。

赵永平等（2014）基于新型城镇化的核心内涵构建了综合评价指标体系，对2000—2011年我国30个省份（西藏除外）的新型城镇化发展水平进行了测度与评价，得出了我国新型城镇化发展水平在时间维度上整体呈逐年上升趋势，在空间维度上表现为从东到西依次递减的格局，同时新型城镇化水平增长率存在阶段性波动的结论。探讨了新型城镇化的市场、内部、外部和政府机制[24]。

任远（2014）认为新型城镇化要求实现人的城镇化，具体体现一是城镇化要重视迁移流动人口的市民化和社会融合，避免城镇化过程中移民群体难以融入城市带来的人的排斥和隔离；二是人的城镇化的根本目的是人民的福利和幸福，城镇化不是为了片面追求 GDP 的提高，而是首先保证城镇化不能带来对部分群体利益的损害，将社会群体需求的满足、人民福利的提升作为城镇化的目标；三是人的发展和参与构成城镇化的真正动力，城镇化不应看作地产扩张和楼宇建设所驱动的经济过程，

[22] 姚士谋，张平宇，余成，等.中国新型城镇化理论与实践问题[J].地理科学,2014(6).

[23] 吕丹，叶萌，杨琼.新型城镇化质量评价指标体系综述与重构[J].财经问题研究,2014(9).

[24] 赵永平，徐盈之.新型城镇化发展水平综合测度与驱动机制研究——基于我国省际2000—2011年的经验分析.中国地质大学学报（社科版），2014(1).

应重视提升人的发展能力，重视更为平等和积极的经济参与和社会投入[25]。

曹俊杰等（2014）指出我国城镇化和农业现代化虽然已初步形成互动发展的新格局，但还存在土地城镇化与人口城镇化不同步、政府主导的城镇化与市场主导的城镇化矛盾以及城镇化和农业现代化非持续、不协调等突出问题，认为新型城镇化是农业现代化的必由之路，农业现代化是新型城镇化的重要基础和条件，应采取积极对策尽快实现新型城镇化与农业现代化协调发展[26]。

熊湘辉等（2015）通过测度2004—2013年新型城镇化7个相关指标，结合因子分析法、主成分分析法对指标进行空间自相关检验，建立了新型城镇化水平的综合评价体系。同时采用空间面板模型，从金融规模、金融效率、金融结构3个方面设定指标来测度中国2004—2013年31个省份金融因素对新型城镇化建设的影响，得出了中国城镇化水平整体提高的同时区域差距进一步加大，金融支持是影响新型城镇化水平的重要因素。应通过加大金融机构对城镇化建设中基础设施的投入，增加城乡一体化产业融合资金支持，改善金融机构对城镇化的服务水平等途径，实现中国新型城镇化水平的提高和可持续发展[27]。

马卫等（2015）从经济、社会、生态、城乡和城市现代等方面，构建中国新型城市化综合评价指标体系，运用熵值法对2002—2011年中国31个省份进行测评，并运用空间分析工具和计量模型考查了中国新型城市化水平的空间格局和收敛性，

[25]　任远．人的城镇化：新型城镇化的本质研究 [J]．复旦学报（社会科学版），2014(4)．

[26]　曹俊杰，刘丽娟．新型城镇化与农业现代化协调发展问题及对策研究 [J]．经济纵横，2014(10)．

[27]　熊湘辉，徐璋勇．中国新型城镇化进程中的金融支持影响研究 [J]．数量经济技术经济研究，2015(6)．

得出了全国新型城市化水平呈现逐年上升的趋势，但东部、中部和西部的整体水平差异较大，在空间格局上，各省域新型城市化水平在空间上存在显著的正相关，地域总体格局呈现三级梯度分布的趋势等结论，提出要加强户籍制度改革，破除城乡二元结构，推动中国城市化健康发展[28]。

邵卫霞（2017）认为工业化、信息化、城镇化、农业现代化是同步发展城乡一体化的重要途径，城乡一体化的发展离不开政府的支持。在建设过程中不仅要重视工业、农业的进步，还要将城乡实际结合，形成一套城乡吻合的政策和制度体系，渐渐缩小二元经济及城乡差距[29]。

蔡继明（2017）认为城市化率是一个全国性的概念，特大和超大城市不能仅仅满足于本地区的城市化水平，而应根据其资源禀赋继续吸纳更多的外来人口，为全国新型城市化战略做出应有的贡献。推进以人为本的新型城市化，特别是加快农民工和"镇民"的市民化是"十三五"期间乃至未来20～30年我国经济社会持续稳定发展的重大战略任务[30]。

陈潇潇（2017）指出在江苏省和全国城镇化进程中存在人口城镇化与土地城镇化不同步、城镇化速度与产业结构演进不协调、城镇化与生态环境恶化、城镇化与农村建设滞后等矛盾，阻碍了我国的城镇化进程，妨碍了城镇化的健康发展。应该树立新型城市化理念和思路，积极探索新型城镇化战略，以科学发展观为引领，发展集约化和生态化模式，增强多元的城镇功能，构建合理的城镇体系，最终实现城

[28]　马卫，白永平，张雍华，等．2002—2011年中国新型城市化空间格局与收敛性分析[J]．经济地理，2015(2)．

[29]　邵卫霞．以新型工业化推进城乡一体化的思考[J]．工业，2017(4)．

[30]　蔡继明．新型城市化应以大城市为依托[J]．人民论坛，2017(7)．

乡一体化发展[31]。

刘耀彬等（2016）从经济、社会、城市功能、生态环境维度构建指标体系，将城市化率、环境污染、收入差距分为3种情况构建情景模拟模型，并通过中、长期的评价分析提出发展重点，认为新型城市化包容性发展是健康城市化必要之路，每个时期都应首先将重点放在收入差距缩小上，其次兼顾城市化率提升与环境改善，将生态建设与城市规划发展融合起来，做到可持续发展，体现了协调和共享的理念[32]。

俞云峰等（2017）指出以信息化为基础的新型工业化带动城市的产业更新、人口与空间优化，是新型城市化的根本动力来源，要加快推进信息化与工业化的深度融合，发挥新型工业化在新型城市化进程中的动力机制作用[33]。

韩博（2018）指出随着我国工业化进程的不断推进，为社会服务的工业化建筑日渐增多，类型也越来越丰富。工业化除了影响建筑生产之外，对周边环境的影响也不可忽视，应保证利用最新最佳的技术进行工业化的设计带动新型城市化[34]。

（三）关于产业结构及其升级

经济发展程度与社会分工深度呈同方向变动，越来越细的分工催生了越来越多的生产部门。所谓的产业结构就是国民经济各产业部门之间按生产函数所规定的一定技术要求构成的比例关系[35]。经常使用的分类标准主要有生产要素分类法、两大

[31] 陈潇潇. 江苏新型城市化的战略研究 [J]. 财讯, 2017 (22).

[32] 刘耀彬, 封亦代. 中国新型城市化包容性发展的情景模拟 [J]. 华东经济管理, 2016 (5).

[33] 俞云峰, 吴畅. 以新型工业化带动新型城市化发展 [J]. 北方经济, 2017 (12).

[34] 韩博. 以新型工业化带动新型城市化发展 [J]. 科研, 2018 (3).

[35] 北京大学中国国民经济核算与经济增长研究中心. 全球衰退下的中国经济可持续增长——中国经济增长报告 2009. 北京：中国发展出版社, 1999.

部类分类法、农轻重分类法、三次产业分类法、国家标准分类法和国际标准产业分类法[36]。

我国在 20 世纪 80 年代中期引入了三次产业分类法。三次产业分类法，就是把全部的经济活动划分为第一产业、第二产业和第三产业。第一产业的属性是其生产物取自于自然，指农、林、牧、渔业；第二产业则是加工取自于自然的生产物，包括采矿业，制造业，电力、煤气及水的供应业和建筑业；第三产业被解释为繁衍于有形物质财富生产上的无形财富的生产部门，如交通运输、仓储和邮政业、信息传输、计算机服务和软件业、批发零售、住宿餐饮、金融地产、公共设施、科教文卫等等。显然，旅游产业和文化产业都属于第三产业。

各产业部门的构成及其比例关系随着经济发展阶段的演变而变化。当一个国家处在经济发展的初级阶段，往往技术水平低，其产业结构也必然处于较低层次。随着技术进步，当产业结构从低级形态向高级形态转变，这一过程及趋势即为产业结构升级。

产业结构升级从来都是与其如何划分共同受到学者的关注。费希尔（1935）首次提出了"三次产业"的概念，确立了对现代产业结构理论影响的三次产业分类法，他将产业结构的演变分为三个阶段：第一阶段以农业和畜牧业为主，需求结构极大地倾向于食物，劳动力向非农产业转移非常艰难；第二阶段以纺织、钢铁等制造业为主，农业劳动力不仅转向制造业，而且转向服务业；第三阶段制造业逐渐失去主体地位，服务业日渐重要起来。

但若追溯产业结构升级趋势的关注人莫过于英国古典政治经济学的开创人威廉·配第，他在《政治算数》（1672）这部名著中比较了英国农民收入和船员的收入，

---

[36]　　杨建文．产业经济学 [M]．上海：上海社会科学院出版社，2008．

发现后者是前者的 4 倍；他还发现荷兰的人均国民收入比其他欧洲国家要高。据此，他得出结论：比起农业来，工业的收入多，而商业的收入又比工业多。这一发现被称为配第定理。配第定理揭示了结构演变和经济发展的基本方向。由于时代的局限性，配第未能看到结构变动和人均国民收入水平的内在关联。

克拉克（1940）通过开创性的统计分析和研究，揭示了人均国民收入水平与结构变动的内在关联，继承和发展了费希尔的产业演进理论，重新演绎了配第定理。其结论是：随着人均国民收入的提高，劳动力首先由第一产业向第二产业转移；当人均国民收入水平进一步提高时，劳动力便向第三产业转移。劳动力在不同产业之间流动的原因在于各产业之间收入的相对差异。这一规律被称为"配第 - 克拉克定理"。

"GNP 之父" ——美国著名经济学家西蒙·库兹涅茨（1941）在克拉克的基础上从国民收入和劳动力在产业间的分布入手，对伴随经济增长中的产业结构变化做了深入的研究。他认为一是基于产品的需求特性所引起的低收入弹性，第一、二次产业之间技术进步的差异性以及农业劳动生产率的提高和农业国民收入相对比重的降低都必然引起农业劳动力相对比重的下降；二是不仅消费结构的变化使工业的收入弹性处于有利地位，而且国民收入中用于投资的增长亦在不断扩大工业市场，整个国民收入的支出结构的演变都导致了工业的高收入弹性，使工业实现的国民收入相对比重上升，随着工业技术进步，原有工业部门资本有机构成的提高排斥自身的劳动力，而工业部门内行业的扩张和增加又吸收劳动力，两相抵消使得劳动力的相对比重趋于稳定；三是"服务"这种商品比农产品具有更高的收入弹性，加之第三产业中许多行业具有劳动力，资本容易进入，产业内部竞争激烈，使"服务"这一商品相对于工业品在价格上处于劣势，服务部门劳动力相对比重上升，国民收入相对比重微升。

李斯特（1841）认为城市化源自农业的耕地限制和人口的压力所迫使的劳动力向非农产业转移。他将产业结构演进分为原始未开化期、畜牧时期、农业时期、农工业时期和农工商等五个时期。在农业时期，由于人口迅速增长而土地面积不能同样迅速增长，以至于新增加的人口为了追求工作不得不全部投入农业生产，结果每个生产者所耕种的土地不断减少，同时消耗了国家的全部农产品余额，这样就出现了农业的残缺状态，从而迫使农业时期演进到农工业时期，这个阶段的工业吸收了剩余劳动力。继而工业的扩张伴随着运输工具的改进和人口的增长，商业也随之发展起来了，进入农工商业时期。

霍夫曼（1931）根据近 20 个国家的时间序列数据，对工业内部结构演变的规律进行了经验研究，提出了"霍夫曼定理"——在工业化进程中，霍夫曼比率或霍夫曼系数（消费品工业的净产值与资本品工业净产值之比）是不断下降的。

钱纳里（1970）总结了工业化进程中的产业结构变化规律。他根据人均实际 GDP 将一国的经济发展分为工业化阶段、工业化进行阶段和后工业化阶段三大阶段，或称为初级产品生产阶段、工业化阶段和发达经济阶段。其中工业化阶段可分为初级、中级和高级阶段，发达经济阶段又可分为初级阶段和高级阶段，具体共表现为六小阶段： 一是不发达经济阶段。产业结构是以第一产业——农业为主，基本没有现代意义上的工业体系。二是工业化初期阶段。产业结构由第一产业向以现代工业为主的第二产业开始过渡。工业产品中则以食品、烟草、采掘、建材等初级产品为主。劳动密集型产业占主导地位。三是工业化中期阶段。工业产业发展由以轻工业为主转向重工业，农业剩余劳动力大量转移到工业体系中，同时第三产业开始迅速发展。作为资本密集型产业的重化工业的大规模发展是支持区域经济高速增长的关键因素。四是工业化高级阶段。在第一产业、第二产业协调发展的同时，第三产业开始由平稳增长转入持续高速增长，并成为区域经济增长的主要力量。第三产业是这一时期发展最快的产业，如金融、信息、广告、公用事业等。五是发达经济阶段的初级阶段。制造业内部结构由以资本密集型产业为主导向以技术密集型产业为主导转换，该时期的特征是技术密集型产业迅速发展。六是发达经济阶段的高级阶段。第三产业开始分化，知识密集型产业开始从服务业中分离出来，并占主导地位。

于泽等（2014）指出一国产业结构转型的内生动力包括需求和供给两个方面。通过构建综合上述两类影响因素的产业结构转型模型及对模型的校准和模拟，发现需求方面的收入增长和供给方面的资本深化两个因素对我国结构转型的影响较大，而技术进步率差异的影响程度较小。保持一定的投资速度，从而稳定增长，提高居民收入，深化资本劳动比是调整产业结构的重要力量。同时，为了在未来推动产业结构升级，需要进一步提高第一产业和第二产业的技术进步率[37]。

武晓霞（2014）利用省域数据检验了产业结构升级的空间相关性并对省域产业结构的影响因素进行了空间计量回归。结果显示投资需求和政府消费需求对产业结构升级的贡献不显著，并非影响产业结构升级的重要因素；外贸规模、个人消费需求和人力资本虽推动了产业结构升级，但贡献较小；技术水平和外商直接投资对产业结构升级具有显著的正向影响，且贡献较大[38]。

刘伟等（2015）指出中国的工业化进程是伴随着转轨进程发生的，有自身的一些特点。在新的发展阶段，第三产业将替代第二产业，成为经济增长的主导产业，

[37]　于泽，章潇萌，刘凤良. 中国产业结构升级内生动力：需求还是供给 [J]. 经济理论与经济管理 , 2014 (3).

[38]　武晓霞. 省际产业结构升级的异质性及影响因素——基于 1998 年—2010 年 28 个省区的空间面板计量分析 [J]. 经济经纬 , 2014 (1).

具体表现为第三产业的增长率将高于第二产业，在国民经济中的比重也超过第二产业并且开始迅速提升，并由此带动就业结构的升级。在这样的条件下，第三产业仍然会保持较快的发展，而第二产业的增长率在出现回落后则不会再回到原先的速度，由此将导致整个国民经济潜在增长率的回落。产业结构的加速升级是我国经济增长的新趋势，也是进入"新常态"的重要影响因素，应根据这一发展调整和改善我们的宏观调控和管理[39]。

汪伟等（2015）指出人口老龄化不断加剧和产业结构转型升级是中国经济当前面临的两大挑战。通过构建多维产业升级指标并运用中国1993—2013年的分省份面板数据对人口老龄化引起产业结构转变的理论机制进行了实证研究。结果显示，人口老龄化不仅促进了中国第一、二、三产业间结构的优化，还推动了制造业与服务业内部技术结构的优化。人口老龄化主要通过增加消费需求、加快人力资本积累和"倒逼"企业用资本和技术替代劳动来应对劳动力成本上升，促进了产业结构升级，同时也通过降低劳动生产率，对产业结构升级造成了一定的负面影响。总体而言，人口老龄化与产业结构升级并不是对立的，人口老龄化对中国产业结构升级的净效应为正，中国应当顺应人口老龄化的趋势，在宏观经济政策上做好顶层设计，并充分利用人口老龄化对产业结构升级的诱发作用，推动产业结构高级化[40]。

李月金（2016）指出信息技术的发展与创新加快了其产业的融合，而产业融合

[39]　刘伟，蔡志洲．我国工业化进程中产业结构升级与新常态下的经济增长 [J]．北京大学学报（哲社版），2015(5)．

[40]　汪伟，刘玉飞，彭冬冬．人口老龄化的产业结构升级效应研究 [J]．中国工业经济，2015(11)．

则能促进产业结构的优化升级[41]。

张楠（2016）以包头市为例，指出西北工业城市地理位置独特，交通条件欠发达，工业规模大，但是产品在市场中竞争力不强，通过分析产业构成和产业结构调整中的影响因素寻求在政府政策的引导下西北工业城市在市场竞争中取得胜利的方法[42]。

早在1978年改革开放伊始，党和国家就首先着手解决国民经济结构失衡的问题，包括：坚持把农业放在重要地位，以家庭联产承包经营制为突破口推进农村全面改革；调整工业内部比例关系，加快轻纺工业的发展，同时，主动放慢重工业的发展速度，调整重工业的服务方向，重工业的发展要考虑轻工业和市场的需要；进一步压缩基本建设规模，并把压缩基本建设规模作为进一步调整经济的中心环节。

党的六届人大四次会议（1986）审议通过"七五"计划，提出"在继续保持农业全面增长，促进轻工业和重工业稳定发展的前提下，进一步加快能源、原材料工业的发展，适当控制一般加工工业发展，把交通运输和通讯邮电发展放在优先地位，大力发展建筑业，加快第三产业。"

党的十三届七中全会（1990）审议通过的《中共中央关于制定国民经济和社会发展十年规划和"八五"计划的建议》，提出积极调整产业结构，促进产业结构合理化并逐渐走向现代化。为此，一要坚决贯彻以农业为基础的方针，大力加强和发展农业。二要加强能源、交通、通讯、重要原材料和水利等基础工业和基本设施的建设。三要使加工工业的发展重点立足于现有基础，积极进行改组和技术改造，提高产品质量，开发新产品，降低物质消耗。四要突出发展电子工业，使之成为促进

---

[41]　李月金．关于信息产业融合与产业结构升级的研究 [J]．社会科学（全文版），2016(1)．

[42]　张楠．西部工业城市产业结构升级研究——以包头市为例 [J]．工程技术（全文版），2016(9)．

产业结构调整和整个国民经济现代化的带头产业。五要积极发展建筑业和第三产业。六要增强国防意识，加强国防建设。

党的十六大（2002）提出"要加快发展现代服务业，提高第三产业在国民经济中的比重"。2007 年 3 月，国务院发布《关于加快发展服务业的若干意见》，再度为服务业发展政策松绑，提出了要科学调整服务业发展布局、优化服务业结构、完善服务业功能、深化服务业体制改革、提高服务业对内对外开放水平和加大服务业投入等目标，提出了促进服务业发展的基本原则和指导思想。

党的十七大（2007）指出"要加快转变经济发展方式，推动产业结构优化升级，促进经济增长由主要依靠第二产业带动向依靠第一、第二、第三产业协同带动转变，发展现代服务业，提高服务业比重和水平"。

党的十八大（2012）提出"加快传统产业转型升级，推动服务业特别是现代服务业发展壮大"，新型城市化不是仅仅意味着人口数量的改变，而是包含城市对人群的适应性，是否能够做到结构性的质的转变，摒弃传统城市化的脆弱。如果要适应形势，优化第三产业结构是经济快速增长和赢得长远发展的必然之路。

党的十九大（2017）提出"坚持新发展理念。发展是解决我国一切问题的基础和关键，发展必须是科学发展，必须坚定不移贯彻创新、协调、绿色、开放、共享的发展理念"，"更好发挥政府作用，推动新型工业化、信息化、城镇化、农业现代化同步发展"，由此"支持传统产业优化升级，加快发展现代服务业，瞄准国际标准提高水平"。

（四）关于城市化和产业结构升级

1. 关于城市化和产业结构升级的互动

库兹涅茨（1971）指出伴随经济增长，产业结构会发生巨大的变化。这种变化最重要的是"产品的来源和资源的去处从农业活动转向非农业活动，即工业化的过程；城市和乡村之间的人口分布发生变化，即城市化的过程"。

费德曼（1985）论证了优先发展重工业对经济发展的意义。他认为经济发展是资本品工业各种投资的函数，要想实现长期经济发展必须优先对资本品工业进行连续投资，通过发展重工业来为轻工业、农业提供资本品。

美国规划学家简·雅各布斯观点独特，她在《城市经济学》中从历史经济角度论证了产业发展对城市的推动作用，城市正是不断地在旧工作基础上添加新工作的地方，任何出现这一过程的聚居地最终都会发展为城市，产业的发展促进了城市的形成；农业依靠城市化大幅度提高了生产力，因为新的农村产业先在城市出现，再转移到农村，来处理部分城市产业。产业的发展、结构的转型，不仅使城市经济有了新的增长方向，而且还解放了农村劳动生产力，使农业人口向非农产业转移。换言之，产业结构的演进导致了经济的非农化和工业化；产业空间布局的转移导致了人口定居方式的聚集化和规模化。这实质上就是城市化的过程。

日本经济学家赤松要（1932）根据日本棉纺工业的发展史实提出了有关产业发展的"雁行形态理论"，他认为日本的产业通常经历了进口→当地生产→开拓出口→出口增长四个阶段并呈周期循环。某一产业随着进口的不断增加、国内生产和出口的形成，将四个阶段在图表上示出，图形呈倒"V"型，就如三只大雁展翅翱翔，并称之为"雁形产业发展形态"。 该理论主张将一国的产业发展与国际市场相结合，推动产业结构走向国际化。人们常以此表述后进国家工业化、重工业化和高加工度发展过程。在一国范围内，"雁行产业发展形态"先是在低附加值的消费品产业中出现，然后才在生产资料产业中出现，继而在整个制造业的结构调整中都会出现雁形变化格局。

钱纳里（1988）对1950—1970年间101个国家的统计资料进行回归分析，证明了生产结构、劳动力配置结构及城市化水平与人均GNP存在对应关系。在人均GNP从100美元增长到1000美元的发展过程中，生产结构、劳动力配置结构和人口城乡分布结构等变化完成其结构转换的90%。在人均GNP达1000美元时，生产结构中第一、二、三产业的比重分别为13.8%、34.7%和61.5%，劳动力配置结构中第一、二、三产业的就业比重分别为25.2%、32.5%和42.7%，城市化水平为63.4%。可见，一般来说一个国家城市化水平越高，第三产业所占比重就越高。第三产业的发展速度与城市化进程正相关，城市化水平的提高伴随着第三产业比重的增加是经济发展的普遍规律。而第三产业的发展也需要城市化来支撑，城市的集聚效应和规模经济效应是第三产业发展的必要条件之一。

国外学者多是针对城市化与三次产业互动发展进行直接的分析，而国内学者则偏重于对各层次产业与城市化的关系分开研究，分析它们与城市化之间关联的差异和不同特点。

谢文蕙等（1996）指出"产业结构的变动，必然体现为城市化的变动"[43]。苏雪串（2002）认为城镇化水平的提高和产业结构的升级都是经济发展过程中的必然规律，并且二者相互制约。城市化表现在生产方式上，就是产业结构的升级，即农

---

[43]   谢文蕙，邓卫．城市经济学 [M]．北京：清华大学出版社，1996．

业剩余劳动力向非农产业部门的转移[44]。曾芬钰（2002）认为在产业结构调整过程中，城市化推进对第一产业的优化作用、对第二产业的提升作用及对第三产业的带动作用十分明显，而产业结构的合理调整同样需要以城市为载体，以城市化为依托，并对城市化的发展起着积极促进作用[45]。

程庆生等（2004）以全国为例利用灰色关联城镇化与产业结构的关系，指出产业结构的变动体现为城镇化的变动。城镇化首先是产业结构由以第一产业为主逐步转变为以第二和第三产业为主的过程，且第二产业和第三产业在整个国民经济构成中的比例越高，城镇化水平就越高[46]。

纪良纲等（2005）认为在城市化过程中，劳动技术、资金、交通运输、通信设施、市场容量、人力资源、居住条件等各个方面都会大范围地向城市集中，从而使城市比周围地区拥有更多的优势，进一步使生产活动向城市集聚，并最终产生集聚的规模效应和经济效益[47]。

宁越敏等（2005）在让城市化进程与经济社会发展相协调中，通过借鉴国外的优秀经验，指出城市化的发展应该与工业和农村的发展相协调[48]。

崔平军（2007）从宏观的角度指出产业发展是城市化的主要推动力，城市化是产业发展的重要依托，肯定了产业结构升级与城市化之间的互动作用[49]。

[44]　苏雪串. 产业结构升级与城市化 [J]. 财经科学, 2002(S1).

[45]　曾芬钰. 论城市化与产业结构的互动关系 [J]. 经济纵横, 2002(10).

[46]　程庆生, 李昌中. 我国产业结构与城市化关联分析 [J]. 统计与决策, 2004(6).

[47]　纪良纲, 陈晓永. 城市化与产业集聚互动发展研究 [M]. 北京: 冶金工业出版社, 2005.

[48]　宁越敏, 李健. 让城市化进程与经济社会发展相协调——国外的经验与启示 [J]. 求是, 2005(6).

[49]　崔平军. 产业发展与城市化关系综述 [J]. 黑龙江对外经贸, 2007(10).

姚士谋等（2009）论证了产业结构转变对城市化的推动机制研究，指出产业结构转变与城市化的互动是区域经济和城市经济发展的必然规律[50]。

高洋（2010）认为产业结构升级可以通过引发技术进步和带动生产要素转移使经济增长方式从粗放型向集约型转变；另一方面产业结构升级可以通过自发演化和政府推动的途径实现经济增长方式转变[51]。

李香兰等（2011）认为城市化进程带动了产业的集聚，促进了产业结构优化升级，以实现分工费用最小化，即不断对产业结构进行调整，实现产业结构发展费用最小化[52]。

杜金玲（2012）认为"产业结构的不断优化升级最终促进了城市化的进行，加速了城市化的发展"[53]。

蓝庆新等（2013）通过空间自相关检验和空间局域 LISA 地图，分析了新型城镇化和产业结构升级在我国各省的分布格局和空间上的相互依赖性，并通过构建空间滞后模型和空间误差模型，得出中国新型城镇化和产业结构升级存在显著的空间相关性，具有高水平区域集中、低水平区域聚集的特点；新型城镇化对产业结构升级具有强烈的空间冲击效应，能够显著提升产业发展层次；金融支撑、科技发展、市场化程度对区域产业结构升级具有显著正向效应，而受引资质量和结构性偏倚的影响，资本流动对产业升级的影响效应不明显[54]。

[50]　姚士谋，吴建楠．农村人口非农化与中国城镇化问题 [J]．地域研究与开发，2009(3)．

[51]　高洋．产业结构升级与经济增长方式转变：机制和路径 [J]．哈尔滨商业大学学报，2010(3)．

[52]　李香兰，刘刚．协作化与城市化的互动性及其约束因素 [J]．齐鲁学刊，2011(3)．

[53]　杜金玲．产业结构升级与城市化协同发展战略研究 [D]，曲阜师范大学，2012．

[54]　蓝庆新，陈超凡．新型城镇化推动产业结构升级了吗？——基于中国省级面板数据的空间计量研究 [J]．财经研究，2013(12)．

吴福象等（2013）指出长三角城市群通过各种优质要素的集聚提高城市群要素空间集聚的外部经济性，进而推动地区产业结构升级。在新型城镇化和城市群体系构造中，发挥基础设施的空间"溢出效应"和"蒂伯特选择"机制的用脚投票功能，有助于形成合理的地域分工和专业化，促进人才和产业的区际互动，助推地区产业结构升级[55]。

杨丹辉（2014）指出新型城镇化的核心是"人"的城镇化，实现新型城镇化的关键在于通过产业发展提供足够的就业机会，发挥产业集聚效应。我国产业发展中存在发展的同质化和重复布局，创新能力总体上处于较低层次，产业断层化，产业高能耗、高污染等问题。尤其是产业发展带来的环境污染问题已成为人民群众"心肺之患"，环境保护迫切需要从末端治理向"污染防治—清洁生产—生态产业—生态基础设施—生态政区"五同步的生态文明建设转型[56]。

林毅夫（2016）指出现代经济发展的结构变迁过程是技术创新的过程、产业升级的过程，也是人口城镇化的过程。为了快速、健康、持续地发展，要坚持的最重要原则是按照每个经济的比较优势来选择产业和技术[57]。

李月金（2016）指出我国城市产业结构的升级会引领城市化进程发展，而城市化水平的进步同样能给产业结构转型提供支持。二者是相互作用、彼此联系的关系[58]。

马子量等（2016）基于2005—2012年西北地区30个城市的面板数据，利用空

[55]　吴福象，沈浩平．新型城镇化、基础设施空间溢出与地区产业结构升级——基于长三角城市群16个核心城市的实证分析 [J]．财经科学，2013(7)．

[56]　杨丹辉．以产业升级和环境保护助推新型城镇化 [J]．区域经济评论，2014(5)．

[57]　林毅夫．人口城镇化的过程也是产业升级的过程 [J]．智慧中国，2016(8)．

[58]　李月金．关于城市产业结构升级的城市化响应的分析 [J]．社会科学（全文版），2016(1)．

间计量方法分析了城市化发展对产业升级的推动效应，得到城市化和产业发展进程中均呈现集聚经济特征，城市化发展中的要素集聚对集聚形态下的产业层次提升具有明显推动的结论[59]。

刘慧波（2017）指出产业结构不合理、产业布局失衡、产业发展与城镇化进程脱节、产业创新能力不强、产业发展方式转变缓慢等问题影响了新型城镇化水平和质量的提升。通过加强产业体系、协作机制、创新机制及激励机制建设，推进产业结构演进，促进产业功能升级，引导产业空间转移，促进产城融合发展以及加快产业发展方式转变等措施可以实现产业发展对新型城镇化的支撑作用[60]。

尚娟等（2017）以带状选取东中西部各3个省份的各3个中大型地级市2004—2015年的面板数据作为研究样本，将新型城镇化和产业升级之间关系图与格兰杰因果检验结合，从时间和空间角度分析新型城镇化对产业升级的影响，得出了在时间上，2005—2011年，两者有负相关关系，2011—2015年，两者有正相关关系；在空间上，东部新型城镇化对产业升级有正向影响，中西部前者对后者无正向影响的结论[61]。

2. 关于新型城市化与旅游产业

较早讨论城市化和旅游产业之间关系的有刘嘉纬等（2001）、黄翔（2001）和周少雄（2002）。刘嘉纬等（2001）分析了旅游业对西部城市化驱动的可能性，在

[59]　马子量，郭志仪. 城市化发展中的产业升级：集聚推动、溢出效应与空间衰减——基于西北地区的空间计量 [J]. 统计与信息论坛，2016(2).

[60]　刘慧波. 通过产业转型升级加快推进新型城镇化建设 [J]. 经济管理（全文版），2017(12).

[61]　尚娟，董李媛，刘丽丽. 新型城镇化对产业升级的影响效应分析 [J]. 工业技术经济，2017(12).

对西部城市按社会经济发展水平和旅游业发展阶段分类的基础上，提出了旅游业发展对西部城市化驱动的基本战略[62]。

黄翔等（2001）指出旅游产业是具有优势的综合性、劳动密集型的服务性产业。发展旅游业对扩大就业，改变人口城乡结构，调整、优化产业结构，建设城市，美化环境具有现实意义；对提高城市社会意识，转变、扩散城市思维方式、社会观念、生活方式，提高国民素质，全面推进城市化具有其他产业不可替代的作用[63]。

周少雄（2002）指出旅游与城市化之间存在着良性的互动关系，即城市化进程对旅游有着积极的推动作用，而旅游发展对城市化也有着直接的推进作用和内在的优化功能[64]。

张建庆等（2005）指出许多都市区连绵而成的巨大的、多核心的城市都市群系统既是我国经济、文化、金融、信息通讯的汇集和辐射核心区，同时也是我国的旅游资源高富集区和旅游业高度发达的地区，旅游的城市化现象也日益普遍[65]。

陆林等（2006）提出伴随着旅游业和城市化不断发展必然出现旅游城市化现象，城市化是全面建设小康社会的基础，旅游城市化作为城市化的一种模式，为我国的城市化道路指明了方向，加强旅游城市化的理论和实证研究，有利于我国城市化健康、

[62] 刘嘉纬，蒙睿. 关于旅游业对西部城市化动力驱动的研究 [J]. 陕西师范大学学报（自然科学版），2001 (S1).

[63] 黄翔，柯丹. 论发展旅游业对全面推进城市化的作用 [J]. 华中师范大学学报（自然科学版），2001 (2).

[64] 周少雄. 试论旅游发展与城市化进程的互动关系 [J]. 商业经济与管理，2002 (2).

[65] 张建庆，李晓光. 长三角旅游城市化发展背景分析 [J]. 上饶师范学院学报，2005 (6).

持续地发展[66]。

朱竑等（2006）指出旅游城市化除了是一种现象外，还是一种旅游活动向城市集聚发展的动态过程。而城市"旅游化"则是城市为了满足日益发展的旅游需求，在城市规划建设过程中所进行的在功能、设施、标示等方面的主动迎合过程。旅游城市化和城市旅游化是一种互相促进、相互制约的关系。旅游城市化的进一步发展要求城市进行相应的"旅游化"建设，而城市的旅游化建设则可以更有效地促进旅游城市化的进程[67]。

石龙（2007）肯定了旅游产业集聚与城市化存在互动机制。一方面，旅游产业结构效应影响了城市化动力机制，集聚效应则促进了城市外部经济的发展，使城市化表现出不同的模式特征和地域特征；另一方面，城市化促进了旅游发展所需要素资源的聚集与流动，为旅游产业集聚提供人力资本保障，还为旅游企业提供创新的源动力[68]。

李芸（2007）指出城市化与旅游发展之间，存在良性互动关系和负面影响。要实现城市化与城市旅游的协调发展，应当加强政府的合理引导，实行政府推动与市场运作相结合；将旅游规划纳入城市规划之中，实行城市建设与旅游发展一体化；加强资源与环境保护，促进城市建设、旅游发展与环境保护的协调统一；强化城市特色，

[66]　陆林，葛敬炳.旅游城市化研究进展及启示 [J].地理研究,2006(4).

[67]　朱竑，贾莲莲.基于旅游"城市化"背景下的城市"旅游化"——桂林案例 [J].经济地理,2006(1).

[68]　石龙.旅游产业集聚与城市化互动机制研究 [J].桂林旅游高等专科学校学报,2007(4).

树立鲜明的城市形象；加大旅游从业人员培训力度，提高城市劳动力整体素质[69]。

安传艳（2008）在对旅游城市化现象分析的基础上给出了旅游城市化的概念，提出旅游城市化的内在驱动力来自旅游需求的拉力和旅游供给的推力，外在驱动力为城市化的带动、政策制度、区位交通、资源环境等[70]。

吴国清（2008）以有中国旅游"金三角"之称的长江三角洲地区为例，分析探讨了区域旅游城市化、城市旅游区域化、区域内核心城市旅游互动发展等区域旅游的发展趋势，认为长三角区域旅游一体化发展模式是"多核心＋网络化"，并从旅游发展理念互动—利益共赢、旅游体制机制互动—区域协作、旅游产品设计互动—整合创新、旅游市场营销互动—"同城"效应等角度对长三角区域旅游一体化发展中上海、南京、杭州的城市旅游互动进行了实例研究，旨在进一步促进长三角区域旅游的和谐发展[71]。

刘培生等（2009）基于云南城市化的问题，根据旅游业和资源型经济转型的特点及相应的发展策略对城市化的影响，采用统计分析方法，提出在可持续发展的基础上，通过旅游业这个切入点带动其他产业发展，从而促进城市化水平的提高[72]。

徐洁等（2010）以中国作为研究对象，将国际旅游收入和城市化率作为旅游发展水平和城市化水平的解释性指标，从时间序列角度出发，尝试构建两者间的关系模型。通过单位根检验，找到最佳的时间滞后期，对数据进行平稳性的差分处理。

[69]　李芸．扬州城市化与旅游发展的互动研究 [J]．扬州教育学院学报，2007(2)．

[70]　安传艳．旅游城市化内涵及动力机制研究 [J]．理论界，2008(8)．

[71]　吴国清．区域旅游城市化与城市旅游区域化研究——兼论长三角区域一体化的旅游互动 [J]．地域研究与开发，2008(1)．

[72]　刘培生，任健，赵宁宁，等．基于旅游的云南城市化对策分析 [J]．当代经济，2009(6)．

得出结论为，中国城市化水平与旅游发展水平在滞后二期的情况下最为理想[73]。

汪德根等（2011）以苏州工业园区为例，针对旅游业关联性强、带动性大、综合效益高等优势，构建了旅游业提升城市化质量的机理模型，即"空间协调－产业升级－功能强化"互动模式。在旅游视角下，从"板块旅游"空间结构模式、旅游产业集群、旅游产品开发与城市公共服务设施建设一体化三个战略，深入分析了旅游业提升园区城市化质量的路径，以期为提升城市化质量提供理论参考[74]。

陈雯婷等（2011）指出在城市化进程中，旅游结构从原有的单一旅游经济模式向多元化的、集合式的、综合性的旅游模式发展，旅游综合体这一集合式的土地利用模式及产业聚集模式也应运而生[75]。

高楠等（2013）借鉴物理学中的耦合理论，以西安市为例分析了旅游产业系统与城市化系统之间协调发展的作用机理，建构了两个系统的耦合评价模型和指标体系，定量研究了两者之间的互动关系，对两者之间的耦合协调发展关系进行了实证分析，指出当旅游目的地城市旅游产业发展到一定阶段时，旅游产业会成为促进旅游目的地城市化发展的独立系统，与城市化系统互为背景、相互作用、彼此影响[76]。

马晓龙等（2014）以典型旅游城市张家界市为案例，采用 Eviews 软件将 1988－

[73]　徐洁，华钢，胡平．城市化水平与旅游发展之关系初探——基于我国改革开放三十年的时间序列动态计量分析 [J]．人文地理，2010(2).

[74]　汪德根，陈田，王昊．旅游业提升开发区城市化质量的路径及机理分析——以苏州工业园区为例 [J]．人文地理，2011(1).

[75]　陈雯婷，金权杰，程澄．基于城市化背景下的旅游综合体研究 [J]．现代城市，2011(2).

[76]　高楠，马耀峰，李天顺，等．基于耦合模型的旅游产业与城市化协调发展研究——以西安市为例 [J]．旅游学刊，2013(1).

2011 年城市化率和旅游总收入占城市 GDP 的百分比时间序列数据进行平稳性和协整性检验，构建向量自回归模型，结果显示张家界城市化与其旅游发展水平之间存在长期稳定的"均衡"关系，旅游发展水平提高使旅游从业机会增多，在旅游业附加值大于农业附加值的作用下，农业人口迅速转化为城镇人口，城市旅游发展影响其城市化进程[77]。

汪艳（2014）指出伴随经济增长，公众对旅游产品的需求越发强劲，市场能够提供什么样的旅游产品、是不是符合新型城市化规律值得关注。产业结构升级是新型城市化的加速器。基于旅游产业的经济学属性选择了旅游产业结构及升级为对象，提出了"城镇居民旅游支出收入弹性"概念，根据 1999—2012 年的统计年鉴数据，计算了城镇居民旅游花费占国内旅游总花费的比重、旅游总花费相对变动、城镇居民花费相对变动、城镇单位就业人员工资总额相对变动以及城镇居民旅游支出收入弹性，得出了市场提供的旅游产品是否符合新型城市化的规律是值得关注的，最后指出了旅游产业结构升级的低碳方向[78]。

舒小林等（2014）利用中国 1988—2012 年城市化率和旅游收入数据，基于协整分析和向量自回归模型对城市化进程和旅游业发展的动态关系进行分析，得出城镇化分别与中国旅游总收入、国内旅游收入之间存在长期均衡关系，而城镇化和国际旅游收入之间在城镇化率达到 30% 以后也存在长期均衡关系；在短期内，旅游规模与城镇化之间关系没有达到最优化，城市化达到一定水平时，城市化对旅游的贡献

[77]　马晓龙，李秋云. 城市化与城市旅游发展因果关系的判定及生成机理研究——张家界案例 [J]. 地理与地理信息科学 .2014(4).

[78]　汪艳. 低碳经济范式下新型城市化三大动力研究 [M]. 合肥：中国科学技术大学出版社 ,2014.

率急剧减小，而旅游对城市化贡献较大[79]。

赵豫西等（2015）指出新型城镇化建设成为新一轮经济发展的重要引擎。在新型城镇化建设中，旅游产业逐渐成为不可忽视的经济增长点，应将旅游业的带动作用引入新一轮城镇化建设中，探索新型城镇化建设和旅游业互动融合的发展模式，找到二者结合点[80]。

高杨等（2016）通过分析京津冀地区旅游业、城市化和生态环境子系统的耦合协调发展机理，建构旅游业－城市化－生态环境的评价指标体系，运用主成分分析法及耦合协调度量化模型，对京津冀地区旅游业－城市化－生态环境耦合协调关系及其发展类型进行实证研究。结果表明城市内部旅游业系统发展迅速，但阶段内波动性较强，城市化水平保持稳步增长，生态环境矛盾随城市内部旅游业和城市化发展而逐步凸显。京津冀三地耦合发展类型基本以城市化超前发展型为主，少有旅游超前发展型出现[81]。

郑文娟等（2017）指出旅游城市化是在工业化中后期或后工业化阶段城市多元化发展的一个重要方向，是以旅游活动为动力，经由旅游产业化发展路径，持续推动旅游目的地资源集聚化，进而促进城市规模有序扩张、城市质量持续提升的动态城市化过程。这一过程一般经历"旅游市场－旅游产业化－要素集聚化－城市化－反哺旅游"的旅游城市化五个演进阶段，主要包括综合发展型、专门旅游型、老工

[79]　舒小林，刘东强，齐培潇，等．中国城镇化与旅游业发展的动态关系研究［J］．经济问题探索，2014(11)．

[80]　赵豫西，司鬼．浅析城镇化和旅游业的互动发展［J］．企业导报，2015(9)．

[81]　高杨，马耀峰，刘军胜．旅游业－城市化－生态环境耦合协调及发展类型研究——以京津冀地区为例［J］．陕西师范大学学报（自然科学版），2016(5)．

业转型、新兴宜居型、乡镇成长型等五种旅游城市化类型[82]。

林叶等（2018）指出旅游城市化是非城市旅游目的地依托当地旅游资源而开始城市化进程，它可以促进经济和人口发展，但滞后的城市化导致当地经济、文化发展不平衡，过度的城市化又会导致包括自然资源与人文风俗习惯的恶化。只能通过发展以保护当地资源为核心的产业，寻求开发与文化保护间的平衡以及控制物价和流动人员以避免逆城市化等措施防止旅游城市化问题的加深[83]。

3. 关于新型城市化与文化产业

王文英等（2001）指出文化产业的发展与城市化程度密切相关[84]。

祝青（2002）指出文化产业发展和城市化发展长期以来往往被当作各自单行独立的过程，两者之间的内在互动联系没有得到理论界应有的重视。文化产业化进程更多地被看作文化现代化进程的必然要求与结果，或者被看成政治文化意识形态与市场经济接轨的产物；而城市的发展更多地只是被赋予经济的内涵，在某种意义上被当作工商产业扩张的容器，这种二元分离的理论研究倾向，很可能导致城市的文化产业功能被忽视，在城市规模的扩张过程中，不能为文化产业留下足够的发展空间；文化产业的经济社会功能被缩减，文化产业发展对城市发展的积极促动效应难以有

---

[82]　郑文娟，储德平．旅游城市化的内涵界定与发展模式研究 [J]．吉林省经济管理干部学院学报，2017(2)．

[83]　林叶，蔡珊珊．旅游城市化的问题探究 [J]．现代商业，2018(5)．

[84]　王文英，花建，叶中强．北京、上海、广州、深圳文化产业可持续发展比较研究 [J]．广东艺术，2001(5)．

效发挥，应把文化产业和城市纳入一个统一的发展框架中加以考察[85]。

陈红梅等（2005）指出城市经历了传统的工业化发展带来的经济高速增长，如今面临重新定位，文化产业符合科学发展观的要求，文化产业基于城市，特别是大城市而发展是必然的，作为知识经济高级阶段主要智力形态，在中国城市发展进程中发挥着重要作用[86]。

兰勇等（2006）指出早期的城乡隔离制度造成了城乡文化"二元结构"，从而极大地影响了城乡文化的交流与发展。通过加强小城镇的建设来推进我国的城乡文化整合，其中主要包括加快发展小城镇乡镇企业和发展小城镇文化产业[87]。

冯子标等（2008）指出文化产品的特征以及文化产业的经济功能是发挥文化产业经济影响力的基础。文化产业的不断发展会创造出更多的经济与社会价值，可以对经济发展的各个部门包括工业、服务业以及城市化、新农村建设等方面产生积极的影响[88]。

蔡旺春（2010）探讨了文化产业对经济增长的影响，认为文化产业对经济增长的直接影响体现在文化产业产值对经济增长的贡献，间接影响则体现在文化产业发展带动了产业结构的优化，从而促进经济整体发展。同时基于投入产出模型探讨了我

[85]　祝青．文化产业发展与城市化发展的关联性分析 [J]．中共浙江省委党校学报，2002（3）．

[86]　陈红梅，宋之杰．文化产业——城市发展的新动力 [J]．河北科技师范学院学报（社会科学版），2005（4）．

[87]　兰勇，陈忠祥．论我国城市化过程中的城乡文化整合 [J]．人文地理，2006（6）．

[88]　冯子标，王建功．文化产品、文化产业与经济发展的关系 [J]．山西师范大学学报（社会科学版），2008（2）．

国文化产业关联程度与波及效应，得出文化产业具有较强的扩散效应，对产业结构优化和区域经济增长有明显的带动作用[89]。

俞万源（2012）指出文化是文化经济时代城市化发展的新动力。文化是城市发展的软实力和动力源，是城市经济新的增长点。通过促进文化产业与文化经济发展、促进人口城市化发展、促进城市集聚与规模扩张，文化促进城市外延扩张、加速城市化进程；通过提升产业与经济发展素质、提高人口城市化质量水平、促进城市文明发展与进步、促进城市现代化进程，文化促进城市内涵发展、提升城市化质量[90]。

花建（2012）指出文化产业集聚发展的重要意义之一，是对新型城市化的贡献。它包括以文化功能作为城市规划的基本要求，以传承创新作为历史遗产的开发路径，以产业集群显示城市的文化实力，以科研院校作为文化创新的关键"智核"，以文化价值进行空间再造的要素重组等。推动文化产业的集聚发展，将使具有世界规模的中国城市化发展得更为健康[91]。

李玉红（2012）利用1996－2010年中国城市化水平与文化产业增加值的年度数据，运用肯德尔相关分析方法和斯皮尔曼相关分析方法，发现中国城市化水平与文化产业发展之间存在显著的正相关关系[92]。

丁薇等（2013）指出日益城市化的中国社会对正处于上升期的文化产业提出了新的要求：要求文化产业"航母"的出现，要求"撬动"其他产业的发展，要求促

[89]   蔡旺春. 文化产业对经济增长的影响 [J]. 中国经济问题, 2010(5).

[90]   俞万源. 城市化动力机制：一个基于文化动力的研究 [J]. 地理科学, 2012(11).

[91]   花建. 文化产业集聚发展对新型城市化的贡献 [J]. 上海财经大学学报（哲学社会科学版）, 2012(2).

[92]   李玉红. 城市化与文化产业协调发展的机制与政策 [J]. 开放导报, 2012(1).

进城市"品牌"的形成[93]。

卢宁（2013）指出文化产业是文化生产力的载体和核心层次。文化产业能否转型升级成功代表着文化生产力的发展水平和增长潜力。他以浙江省为例指出推进文化产业转型升级是浙江经历经济文化化—文化经济一体化—文化经济的发展过程中突破瓶颈、实现跨越式发展的必经阶段。推进文化产业转型升级要以丰富的历史文化资源和社会文化资源以及文化资源影响力为创意创新的源泉，这是构成区域文化产业内生竞争力的基本要素[94]。

李萌（2014）指出新型城市化是以人为本的城市化，要求加快转变城市发展方式，由单一的以生产型功能为主向具有生态、生产、生活等综合功能的方向转变，追求城市功能的多元化、复合化、柔性化、人性化、生态化。文化产业可以推动城市经济发展方式转变，促进城市社会融合，推动城市有机更新和城市绿色转型[95]。

李薇薇等（2015）选取2000—2011年西安市城市化进程指标以及文化产业、旅游产业等典型产业指标，采用主成分分析法和通径分析法，检验结果显示：曲江新区的文化产业、旅游产业对西安市城市化进程有影响。在文化产业指标中，对西安市城市化进程有直接影响的指标是文化产业增加值，有间接影响的指标是文化产业从业人员、文化产业占GDP比重、文教事业支出、城乡居民文化产品消费支出；在旅游产业指标中，对西安市城市化进程有直接影响的指标是旅游业增加值比重和旅游从业人员数，有间接影响的指标是旅游人次、旅游收入和旅游企业数量等[96]。

[93]　丁薇，陈党．论城市化与文化产业发展的对策 [J]．江淮论坛，2013(5)．

[94]　卢宁．浙江省推进文化产业转型升级的优势、问题和对策 [J]．当代经济，2013(18)．

[95]　李萌．新型城市化进程中文化产业的转型发展 [J]．中国文化产业评论，2014(1)．

[96]　李薇薇，庄莹，璩亚杰，等．曲江新区典型产业发展对西安市城市化进程的影响 [J]．陕西师范大学学报（自然科学版），2015(4)．

聂勇（2016）指出在城市化进程中，城市文化的传承与保护容易被人们所忽视，城市的历史风貌也容易受到破坏。他以安徽省六安市为例，说明在城市化进程中应该做好科学合理的规划，提升全民的文化保护意识，促进文化产业繁荣发展尤为重要，也是实现城市可持续健康发展的重要保障[97]。

陈亚伟等（2017）指出从城市的长足发展来看，要想实现城市的可持续发展，就需要不断进行转型尝试，逐步依靠创意文化产业的发展实现城市经济向现代经济转型的目的[98]。

（五）关于产业融合

1. 关于产业融合的一般概念、动因和意义

Rosenberg（1963）在对美国机械工具业演化进行研究时第一次提出产业融合的思想[99]。 Negrouponte（1975）用三个重叠的圆来描述计算、广播和印刷三者的技术边界，指明技术融合可以显著改变同一产业或不同产业的产品形态、竞争形式和价值创造过程，技术融合通过这种本质开始发挥作用[100]。

[97]　聂勇. 城市化进程中的文化传承与保护研究——以安徽省六安市为例[J]. 湖北理工学院学报（人社版）, 2016(4).

[98]　陈亚伟, 张亚军. 创意文化产业发展对城市经济转型的促进作用[J]. 经济研究导刊, 2017(3).

[99]　Nathan Rosenberg. Technological change in the machine tool industry:1840-1910[J]. Journal of Economic History, 1963(23).

[100]　Nicholas Negrouponte. Industry evolution and competence development:the imperatives of technological convergences[J]. International journal of technology management, 1975(19).

Brand 和 Crandall（1987）认为技术革新是产业融合的主要动力，他指出技术创新或进步能够改变传统产业边界[101]。Hansen（1990）认为技术融合不仅发生在信息通信行业，在其他产业都有发生，比如机械工具、功能食品、包装技术等领域[102]。从狭义角度分析，欧洲委员会于 1997 年发表的绿皮书中提出，产业融合是产业联盟、网络技术平台和市场等三个方面的融合。从广义角度分析，Mueller（1997）提出产业融合是原本各自相互独立的产业之间的企业在成为相互的竞争对手时所产生的产业行为[103]。日本产业经济学家植草益（2001）从原因、结果两方面揭示了产业融合是通过技术革新和放宽限制来降低行业间的壁垒，加强行业企业间的竞争合作关系[104]。Stieglitz（2002）将产业融合的类型总结为供给方的技术融合和需求方的产品融合[105]。Lind（2005）则从市场的视角指出产业融合是指产业在产业界限和市场准入障碍消除之后的合并与汇合现象[106]。

厉无畏等（2002）认为产业融合主要有三种方式：高新技术的渗透融合，高新

[101]　Stewart Brand, R.E. Crandall. The media lab: inventing the future at MIT [M]. New York: Viking Press, 1987.

[102]　Niles Hansen. Do producer services induce regional economic development[J]. Journal of Regional Science, 1990(4).

[103]　M.Mueller.Telecom policy and digital convergence[M]. Hong Kong: City University of Hong Kong Press, 1997.

[104]　植草益. 信息通讯业的产业融合 [J]. 中国工业经济. 2001(2).

[105]　N. Stieglitz. Industry dynamics and types of market convergence [J]. 2002.

[106]　J. Lind. Ubiquitous convergence:market redefinitions generated by technological change and the industry life cycle[J]. Paper for the DRUID Academy Winter 2005 Conference, 2005.

技术及其相关产业向其他产业渗透、融合，形成新的产业；产业间的延伸融合，即通过产业间的功能互补和延伸实现产业间的融合，这类融合通过赋予原有产业新的附加功能和更强的竞争力，形成融合型的产业新体系；产业内部的重组融合，工业、农业、服务业内部相关联的产业通过融合提高竞争力，适应市场新需求[107]。

周振华（2003）认为产业融合实质上是信息资源、技术和运行平台在产业经济中转化为主导资源、核心技术和基础平台的过程[108]。他还进一步认为产业融合成为产业发展及经济增长的新动力，将导致产业在以下几个方面的根本变化：产业发展基础、产业与产业之间关联、产业结构演变、产业组织形态和产业发展区域布局，对整个经济与社会产生综合影响[109]。

胡永佳（2008）认为分工角度的不同引起产业融合，并提出产业融合是产业间分工转变为产业内分工的过程和结果[110]。

张慈等（2009）认为更好地研究产业融合对于我国实现产业结构优化、加快转变经济发展方式、促进经济社会发展具有重大意义。所以产业融合的意义在于有利于产业的发展，促进经济增长，优化产业组织和结构，促进经济社会发展[111]。

王华东（2013）指出随着人类生产力的提高，社会经济多元化、信息化的发展，

[107]　厉无畏，王慧敏．产业发展的趋势研判与理性思考 [J]．中国工业经济，2002 (4)．

[108]　周振华．信息化与产业融合 [M]．上海：上海人民出版社，2003．

[109]　周振华．产业融合：产业发展及经济增长的新动力 [J]．中国工业经济，2003 (4)．

[110]　胡永佳．产业融合的经济学分析 [M]．北京：中国经济出版社，2008．

[111]　张慈，易灿辉，王桂娟．产业融合——我国产业发展的新视角 [J]．产业观察，2009 (23)．

产业范式发生了两大变化：一是分工越来越细，二是融合也渐成气候[112]。

2. 关于旅游产业的产业融合

中国旅游发展进入新时期后，旅游空间出现了极化现象，旅游产业出现了融合现象，这两个现象支撑着中国旅游业的转型演变[113]。旅游业产业融合发展在当前更具有现实意义，无论是发达地区的产业转型，还是欠发达地区的产业突破，都需要发挥旅游业的关联带动作用和融合功能[114]。较早对旅游产业融合展开研究的是陈琳和胡建伟就旅游产业与农业、服务业融合进行的研究。陈琳（2006）提出农业旅游是农业和旅游产业相融合的一种交叉型农业，拓展了旅游资源的类型，强调融合过程中劳动内容、劳动中涉及人群、劳动所在地三种转变也使农业焕发出新活力[115]。胡建伟（2006）认为都市旅游产业与现代服务业在产业互动层面产生了深入、有机的产业联系，表现在经济运行过程中的产业融合，并指出产业融合的理想形式就是产业族群，这在形式上要求都市旅游产业与现代服务业在空间上融合，同时还要求在企业组织形式、政府政策层面、智力资本方面有更深的融合[116]。由于第一、二产业的产业特性，旅游产业与其融合的实践存在较多障碍，其融合提升效果较慢。旅游产业作为第三产业的重要组成部分，与第三产业中其他产业融合以及旅游产业内

[112]　王华东. 贵州省旅游产业与文化产业研究 [D]. 贵阳：贵州大学, 2013.

[113]　张辉，黄雪莹. 旅游产业融合的几个基本论断 [J]. 旅游学刊, 2011, 26(4).

[114]　宋子千. 旅游业应增强产业融合的主动性 [J]. 旅游学刊, 2011, 26(4).

[115]　陈琳. 从产业融合的角度探讨农业旅游的发展 [J]. 黑河学刊, 2006(2).

[116]　胡建伟. 上海都市旅游业与现代服务业互动机制研究 [J]. 中国人口·资源与环境, 2006(2).

部六大要素所属行业之间的融合现象及研究较多，这有赖于它们之间有较强的产业关联，进行融合的障碍较少，而且较容易克服。

关于旅游产业和动漫、网络游戏、体育、会展等产业和互联网新技术的融合的研究成果有不少，杨颖（2008）指出旅游业与其他服务业、制造业和农业进行产业融合，融合动因具有旅游特质性，产业价值链不断被解构和重组，并表现出生产性现代服务业特征。融合产生的效应反映行业竞争格局发生演变，出现系统集成商和具有双边特征的平台企业，非物质资源取代自然资源推动旅游业发展，旅游业出现模块化迹象，跨行业人才成为稀缺资源等多方面[117]。

董桂玲（2009）系统地分析了动漫业和旅游业产业融合的动力系统，引力子系统为产业融合的源动力，推力子系统为产业融合的直接动力，支持力子系统为产业融合的系统环境，并构建了动漫业和旅游业产业融合的动力系统模型，表明动力系统中各因素的相互作用[118]。

陆晓清（2009）在产业融合研究评述的基础上，分析了网络游戏及其特征，并对网络游戏业与旅游业的融合性进行解构，提出两个产业互动融合的形式[119]。

李太光（2009）指出旅游产业融合一是旅游产业内部向产业外部渗透，即旅游产业运营商向其他服务业和第一、二产业领域逐步渗透；二是产业外部向旅游产业内部各行业强势介入，以航空、铁路、石油等行业对旅游业的战略入侵为特征[120]。

[117]　杨颖. 产业融合：旅游业发展趋势的新视角 [J]. 旅游科学, 2008 (4).

[118]　董桂玲. 动漫业和旅游业产业融合的动力机制研究 [J]. 经济研究导刊, 2009 (32).

[119]　陆晓清. 论网络游戏业与旅游业的产业融合 [J]. 重庆邮电大学学报（社会科学版）, 2009 (1).

[120]　李太光. 整合·突破·创新——现代旅游产业系列评论 [J]. 青岛酒店管理职业技术学院学报, 2009 (2).

刘婕等（2011）从经济学角度利用投入产出分析法与影响力、感应度系数分析法对旅游与房地产业的关联融合度进行了研究。结果表明，房地产业与旅游产业有较强的技术联系。同时，两者对国民经济其他部门的带动作用不强，说明房地产业、旅游产业等受国民经济其他产业发展的限制较小，发展前景广阔[121]。

康保苓（2011）指出旅游业与体育业具备融合的基础、动力和实现条件，可在资源、产品、市场等方面互动融合，模式有旅游与赛事融合、旅游与体育节庆融合、旅游与健身融合等。旅游业和体育业的融合发展对优化旅游产业结构、提升产业能级、促进产业转型有着重要的意义[122]。

钟菊华（2015）认为休闲体育与旅游都是休闲的一部分，都是以健康为目的，崇尚人与自然和谐交流，愉悦身心的健康。四川省休闲体育产业与旅游产业进行有机结合，不但有助于促进二者的共同发展，而且有助于推进休闲体育发展方式的转变，促进休闲体育产业的健康发展，对四川省经济社会发展、旅游城市地位的提升也具有十分积极的作用[123]。

林茜（2015）指出农业旅游将农业与旅游业充分融合在一起，利用农业景观与空间来吸引各地游客，大大推动了农业与旅游业两大传统产业的转型，不仅满足了城市人们对自然风光的需求，还促进了农业发展、农村进步和农民富裕[124]。

司玲等（2016）指出我国旅游产业规模的扩大促使旅游产业结构不断调整，并

[121]　刘婕，谭华芳. 旅游与房地产业的关联融合度研究 [J]. 经济体制改革，2011(2).

[122]　康保苓. 产业融合背景下旅游与体育的互动研究 [J]. 旅游论坛，2011(3).

[123]　钟菊华. 四川省休闲体育产业与旅游产业融合模式研究 [J]. 西南师范大学学报（自然科学版），2015(8).

[124]　林茜. 产业融合背景下农业旅游发展新模式 [J]. 农业经济，2015(9).

积极寻求与其他产业的融合发展，分析了旅游业与会展业的融合条件，从资源共享、市场需求、技术嵌入、人才整合、企业合作五个方面提出推动旅游业与会展业融合发展对策[125]。

徐金海等（2016）指出"互联网＋"时代为旅游产业在更大范围内的融合提供了前所未有的机遇。"互联网＋"时代下的旅游产业融合的动力机制主要有：旅游产业高度的产业关联性、旅游消费者需求的改变、技术的进步与创新和外部市场环境的变化等。而旅游产业融合的障碍为旅游信息化的水平不高、旅游消费者个人隐私安全的制约、旅游管理体制的不健全和复合型旅游人才的匮乏。为促进中国旅游产业的深度融合，需要努力提高旅游信息化水平、加强网络立法、深化旅游综合改革和大力发展旅游教育。

梅艺华等（2016）指出"互联网＋"是依托互联网信息技术实现互联网与传统产业的联合，以优化各产业要素、更新业务体系、重新构建新的商务模式来完成经济转型和升级。全域旅游突破了以景区为核心的"景点旅游"制约，把旅游目的地城市变成一个不收门票的大景区，丰富了旅游的内涵，打通了旅游产业发展瓶颈，创造了新的经济增长模式。"互联网＋全域旅游"利用互联网、移动电子商务等高新技术应用于旅游产业而形成的一种崭新的产业经济融合模式，已成为一种全新的旅游业态和新的经济增长点[126]。

张辉等（2011）提出中国旅游发展进入新时期后，旅游空间出现了极化现象，

---

[125] 司玲，南宇．产业融合视角下会展旅游发展对策研究 [J]．资源开发与市场，2016(8)．

[126] 梅艺华，周园源，王乐，等．基于"互联网＋全域旅游"融合模式研究——江西省旅游产业融合模式剖析 [J]．中国市场，2016(47)．

旅游产业出现了融合现象，这两个现象支撑着中国旅游产业的转型演变[127]。

肖建勇等（2011）利用 2002 年和 2007 年的投入产出资料，对我国旅游业的产业特征、经济效益和产业关联情况进行分析。结果表明：旅游业是典型的劳动密集、最终消费型产业，对固定资产和出口市场的依赖正在下降，经济效益出现滑坡，其后向产业关联度远大于前向产业关联度，并呈现拉动面集中、推动力增强的趋势，所以旅游业必须在研发设计、生产管理、市场开拓等三方面四条路径上大力推进系统性产业融合[128]。

何建民（2011）指出推动旅游企业、工业企业、乡村、各国政府与各地政府等相关利益者实施旅游产业融合发展战略的动力因素是融合各方可分享日益扩大的旅游客源市场，可优化资源配置，获得规模经济与协同经济[129]。

关于旅游产业融合的机制和类型，刘洁（2010）认为旅游产业融合通常是指与其他产业之间或旅游产业内不同行业之间相互渗透、相互交叉，最终融合为一体，逐步形成新产业的动态发展过程，一般分为产业渗透、产业交叉和产业重组三种类型[130]。

麻学锋等（2010）指出各产业与旅游产业的融合主要通过资源融合、技术融合、市场融合和功能融合四条路径。在纷繁复杂的旅游产业融合实践中，有效探寻旅游产业融合路径，需遵循摸清市场、找准"融点"、善于创新[131]。

[127]　张辉，黄雪莹．旅游产业融合的几个基本论断 [J]．旅游学刊，2011(4)．

[128]　肖建勇，郑向敏．我国旅游业的产业融合路径选择 [J]．宏观经济研究，2011(12)．

[129]　何建民．我国旅游产业融合发展的形式、动因、路径、障碍及机制 [J]．旅游学刊，2011(4)．

[130]　刘洁．文化创意产业与旅游产业关系研究 [J]．经济研究导刊，2010(1)．

[131]　麻学锋，张世兵，龙茂兴．旅游产业融合路径分析 [J]．经济地理，2010(4)．

马波（2011）指出旅游业不是传统产业坐标上的一个独立的产业，它是一个融合共生的综合产业群，并提出旅游业的融合发展是全方位的，要从追求游离式的超前发展转向平衡式的嵌入发展，而且要建立适应融合发展需要的政府旅游管理框架，实现从部门管理向目的地整体管理转变[132]。

赵黎明（2011）提出旅游产业融合是旅游产业与其他行业相互影响、相互交叉、相互渗透，产生新的产业要素和形态的过程。就融合的机理和原因，他进一步指出旅游产业在内部推力和外部压力的共同作用下，形成产业融合的持续性发生机制，促进旅游产业与其他相关产业的融合，提升了社会经济系统协同程度和自组织能力[133]。

孙根年等（2011）认为旅游产业融合要因地制宜，依据不同地区旅游产业发展区位条件、景观资源禀赋和社会经济支持系统。当前我国可考虑以下四类产业融合模式：沿海地区旅游与工商贸的融合模式、中部地区旅游与历史文化的融合模式、西部旅游与自然生态保护的融合模式和沿边省区旅游与边境贸易的融合模式[134]。

张凌云（2011）对融合进程做了精辟总结，他指出在旅游产业发展的初级阶段，旅游业的产业融合主要表现在与其他相关产业的渗透和交叉方面，而产业重组则是旅游产业融合发展到高级化阶段的产物[135]。

郭为等（2013）说明了旅游产业融合引发新业态的形成，并对旅游新业态进行了新的定义和分类[136]。

[132]　马波. 大融合方有大旅游 [J]. 旅游学刊, 2011 (5).

[133]　赵黎明. 经济学视角下的旅游产业融合 [J]. 旅游学刊, 2011 (5).

[134]　孙根年, 王洁洁. 产业融合需因地制宜 [J]. 旅游学刊, 2011 (5).

[135]　张凌云. 旅游产业融合的基础和前提 [J]. 旅游学刊, 2011, 26 (4).

[136]　郭为, 许珂. 旅游产业融合与新业态形成 [J]. 旅游论坛, 2013 (6).

3. 关于文化产业的产业融合

文化产业与其他产业之间的融合已经成为国民经济新的增长点。

关于文化产业融合的背景和动因，毛蕴诗等（2006）指出文化与其他产业融合可凸显出其他产业的核心价值，发挥文化对经济社会的支撑作用，提高综合竞争力[137]。他结合文化产业的特点，阐述了以文化产业转换经营机制为基础，借鉴产业融合的经验，调整政府产业政策，借助信息技术等高科技产业的推动作用，拓宽文化传播途径，加快文化传播速度，提升文化价值以使文化产业获得飞跃发展。

孔令刚等（2007）指出在产业融合基础上形成的新产品、新产业，成为经济发展的新增长点，加快了产业结构升级的步伐。从产业边界模糊与产业融合的角度看，文化创意成为了产业。在中国这样的文化资源大国，要把握产业融合发展趋势，推进产业融合下的政府规制改革，整合文化资源，把文化资源转化为文化创意产业[138]。

朱维洁（2009）将文化产业融合的动因归结为四点：一、技术创新是文化产业融合的内在驱动力；二、放松管制为文化产业融合提供了外部条件；三、企业追求效益最大化是文化产业融合的企业动因；四、人类的精神需求是推动文化产业融合的另一个动因[139]。

曹宇（2012）指出产业融合是提高文化产业竞争力的有效途径，对钻石模型理论中涉及的六个影响产业竞争优势的要素均有不同程度的增强。我国文化产业发展

[137]　毛蕴诗，梁永宽. 以产业融合为动力促进文化产业发展 [J]. 经济与管理研究, 2006 (7).

[138]　孔令刚，蒋晓岚. 基于产业融合视角的文化创意产业发展战略 [J]. 华东经济管理, 2007 (6).

[139]　朱维洁. 试论文化产业融合的动因 [J]. 河南师范大学学报, 2009 (9).

要顺应融合趋势，采取相关保障措施，促进文化产业融合有效实施，发挥产业融合提升效应[140]。

黄永林等（2013）指出文化为经济发展和社会进步提供思想保证、精神动力、智力支持和产业支撑，是一个国家或地区综合实力的重要组成部分。他在盘点湖北地方特色文化的基础上，从文化资源利用的角度审视湖北地方特色文化与文化产业融合的现状，分析存在的问题和原因，并提出将地方特色文化资源优势转化为文化产业经济优势的建议[141]。

朱蓉（2014）以浙江省为例，剖析了浙江省文化产业融合发展现状、存在问题，提出了实现浙江文化产业升级的具体实施路径，指出文化产业作为新兴产业，具有创新性、渗透性和外溢性的特点。文化产业与其他产业的融合发展，不仅能够推动文化产业升级，还提升了融合双方的竞争力，优化了产业结构[142]。

王学人等（2014）指出我国文化创意产业融合发展存在管理运营体制、政府管制、市场分割以及微观层面上企业面临的融资、风险规避以及人才队伍等因素的共同限制等障碍。文化创意产业的融合发展应该通过深化文化体制改革，打造一批本土文化创意产业骨干企业，完善管制框架，放松产业进入管制，扶持新兴文化创意业的

---

[140]　曹宇. 基于钻石模型的文化产业融合研究 [J]. 西南民族大学学报（人文社会科学版），2012(10).

[141]　黄永林，侯顺. 湖北地方特色文化与文化产业融合存在的问题与对策研究 [J]. 理论月刊，2013(4).

[142]　朱蓉. 基于产业融合的文化产业升级路径研究——以浙江省为例 [J]. 改革与战略，2014(1).

发展，营造良好的产业生态环境等路径[143]。

除旅游产业外，关于文化产业与其他产业的融合研究也得到不少关注，包括与农业、博彩业、金融、体育、海洋等产业以及互联网技术等有关的研究。王爱玲等（2009）以北京"紫海香堤"农业创意产业模式为案例进行了现代农业与文化创意产业融合，指出当现代农业遇到文化创意产业，农业文化创意产业便应运而生。农耕文化的多样性、现代农业的多功能性和消费需求的多样化是现代农业与文化创意产业融合的主要基础。农业创意产业有以农业为主要创意对象、富含创意、文化附加值高、与三产高度结合等特征[144]。

王鹏（2010）指出融合互动是产业集成的一种有效形式，有助于在产业边缘地带激发出全新的产品和服务方式，形成互生互赢的多重效应。澳门博彩业的发展拓宽了文化创意产业的发展空间，而文化创意产业的发展则丰富了澳门博彩业的内涵和外延，两者具备融合互动的基本条件。澳门经济和社会的可持续发展离不开博彩业与文化创意产业，只有充分发挥各自优势，构建长期有效的合作机制与发展策略，大力促进博彩业与文化创意产业的融合互动，才能创造出最大效益[145]。

白婧等（2011）指出文化产业是朝阳产业，其发展需要金融产业的支持。在提供金融资金投资机会的同时，文化产业也促进金融产业进行机构改革和产品创新，二者在相互融合的过程中催生出文化金融产业。作为新的经济增长点，大力发展文

[143]　王学人，杨永忠. 我国文化创意产业融合发展的策略研究 [J]. 经济体制改革, 2014(4).

[144]　王爱玲，刘军萍，任荣，等. 农业创意产业——现代农业与文化创意产业的融合 [J]. 中国科技产业, 2009(9).

[145]　王鹏. 澳门博彩业与文化创意产业的融合互动研究 [J]. 旅游学刊, 2010(6).

化金融产业，可以提高两个行业资源配置的效率，促进经济持续稳定地增长[146]。

张金桥等（2012）指出核心行业具有相似的产品形态和价值取向，体育产业与文化产业相互依存、相辅相成、共生共荣、互相促进，具备了融合的机制。他提出两者应该各展优势，做大做强并相互借鉴成功经验；建立协调机制，深化规制体制改革，在融合中健康发展；注重提升体育产业发展的文化品位，走内涵式发展道路；发挥文化产业的业态优势，推动体育元素与文化元素的融合；加大产业融合研究力度，重视培养体育与文化产业融合发展所需人才[147]。

花建（2014）指出在文化创意与工业的融合发展中，要推动设计服务与工业的纵向产业链延伸与横向服务链拓展，激发产业升级的动力；在文化创意与旅游业的融合发展中，要打造旅游魅力的智核，营造丰富的内容、多元的主体和动态发展的框架；在文化创意与城市规划和建筑设计业的融合发展中，要坚持以人为本，实现经济价值、生态价值和文化价值的统一；在文化创意与农业的融合发展中，要结合中国农业发展的阶段性要求，以休闲农业项目为突破口，建立具有生态文化价值和现代服务业意义的农业形态[148]。

黄晓懿等（2016）基于循环经济理论和产业融合理念，探讨了制造业与文化创意产业融合模式的表现形式和实施路径，指出融合模式由基于废物循环的融合模式、基于产品循环的融合模式向基于服务循环的融合模式演进。为提高两者融合效率，需要通过税收调节、法律规制、建立产业融合行政管理部门进行体制创新；通过提

[146]　白婧，王大鹏，刘澄. 促进金融与文化产业融合发展 [J]. 宏观经济管理, 2011 (2).

[147]　张金桥，王健. 论体育产业与文化产业的融合发展 [J]. 上海体育学院学报, 2012 (5).

[148]　花建. 文化创意产业与相关产业融合发展的四大路径 [J]. 上海财经大学学报（哲社版）, 2014 (4).

高技术水平、融合技术平台、调整产业技术结构进行技术创新；通过发挥行业协会、科研院所服务功能，建立服务众包平台和专业化服务公司等方式进行服务创新[149]。

戚俊娣等（2016）指出长期以来我国旅游业的整体竞争力偏弱，应从以先进的体制观念引领产业融合、以市场为导向为产业融合营造环境、以整合为纽带促进产业融合发展及公共服务系统的构筑等方面探讨航海文化与蓝色体育产业融合发展的路径，通过分析两大产业融合的发展机理和发展效应，推动航海文化产业和蓝色体育产业深度融合及城市文化创意产业和旅游业快速发展，提升蓝色经济区旅游产业的核心竞争力[150]。

司城雄（2014）分析了科技创新与文化产业关系，指出科技创新与文化产业的融合对于推动文化产业发展和科技创新都具有重要意义[151]。

楚明钦（2017）指出互联网激发了人们的文化消费意愿，消除了文化产业各领域的壁垒，释放了文化产业新动能，创造了文化产业新的经济增长点，提升了文化产业核心竞争力，互联网与文化产业融合发展可以实现我国文化产业跨越式发展。互联网时代文化产业的创新，需要利用互联网技术改造传统文化产业，利用互联网技术激发文化产业新业态。互联网与文化产业各细分行业的融合，需要通过互联网技术消除各产业之间的体制、机制和技术壁垒，放松各行业之间的政府规制，实现

[149] 黄晓懿，杨永忠，钟林．循环经济理论视野下的中国制造业与文化创意产业融合模式研究 [J]．科技进步与对策，2016(6)．

[150] 戚俊娣，贾连塈．"一带一路"背景下航海文化与蓝色体育产业融合发展路径研究 [J]．东岳论丛，2016(8)．

[151] 司城雄．推动科技创新与文化产业融合发展的思考 [J]．中国科学院院刊，2014(4)．

互联网文化产业创新发展[152]。

李明伟（2017）指出"互联网＋文化"的发展改变了文化消费习惯，使传统文化产业的内在结构发生了重要变革。利用"互联网＋"跨界融合思维，从新信息基础设施建设、大数据资源整合技术、技术创新三个层面归纳"互联网＋文化"的技术驱动，并基于多网多终端市场形成、产业链打通、商业模式创新和"文化＋"的跨界融合等层面提出"互联网＋文化"的结合路径[153]。

陈毅清（2017）通过对体育产业与文化产业融合的动力机制进行分析，认为产业融合是内外部因素共同作用的结果，提出了组织精品赛事、实行自由竞争、变革消费观念、扩大体育人口、挖掘明星 IP 的发展建议，以更好地发挥两产业间的协同效应，实现互惠提升，共同发展[154]。

姚燕等（2017）通过分析农业与文化创意产业融合发展的必然性，从加强政府支持与政策引导、充分挖掘福建特色文化价值、大力培养人才服务于创意农业发展、深化闽台在创意农业方面合作空间等方面提出推进福建省农业与文化创意产业融合发展的对策[155]。

王咏（2017）指出随着生活水平和文化层次的提高，人们的消费习惯变得多样化和个性化。铜产业与文化创意产业通过产业融合能更好地适应消费者的消费偏好，

[152]　楚明钦．互联网与我国文化产业融合发展研究 [J]．现代管理科学, 2017(5).

[153]　李明伟．"互联网＋文化产业"融合发展的技术驱动与路径研究 [J]．技术经济与管理研究, 2017(9).

[154]　陈毅清．产业融合视角下我国体育文化产业发展研究 [J]．河北体育学院学报, 2017(5).

[155]　姚燕, 曾芳芳．福建省农业与文化创意产业融合发展对策 [J]．台湾农业探索, 2017(1).

从而提高产业的核心竞争力[156]。

李智等（2018）指出随着舟山群岛海洋文化产业的不断开发和旅游产业的体系日益成熟，两大产业呈现出相互渗透、相互融合的态势，带来了舟山海洋文化产业发展的新契机。他提出了旅游产业与海洋文化产业的融合路径和舟山海洋文化产业发展需要改造传统文化产业，创新文化产品，运用现代科技；促进海洋非物质文化旅游发展，加快发展文化内容产业，促进产业结构调整；充分运用政府引导作用，推进海洋文化产业与旅游产业深入融合；培育大型企业，扶持中小型企业，形成文化产业规模效应；加大教育投入，培养高素质人才等相关性策略[157]。

三、研究内容

旅游产业是以旅游业生产力六要素即吃（旅游餐饮业）、住（旅游宾馆业）、行（旅游交通业）、游（旅游景观业）、购（旅游商品业）、娱（旅游娱乐业）为核心，利用旅游设施，以旅行社为产业龙头，由一系列行业部门组成的社会、经济、文化、环境的综合产业[158]。文化产业是以生产和提供精神产品为主要活动，以满足人们的文化

[156]　　王咏. 基于产业融合理论的铜文化创意产业发展研究 [J]. 赤峰学院学报（自然科学版）, 2017(15).

[157]　　李智, 马丽卿. 产业融合背景下的舟山海洋文化产业新发展 [J]. 海洋开发与管理, 2018(1).

[158]　　论我国旅游业产业结构的优化调整 [EB/OL]. [2011-02-11]. https://wenku.baidu.com/view/2538444fe518964bcf847cd9.html.

需要作为目标，具有精神性、娱乐性的文化产品的生产、流通、消费活动[159]。相对于其他产业间的相互融合，旅游产业与文化产业之间有更易融合的充分理由。黄山市拥有多处世界自然遗产、世界文化遗产，资源天然丰富的黄山旅游产业成为了本市GDP最重要的来源。徽文化是指古徽州六县土地所承载的、由历代先贤和人民群众共同缔造的文化，无论是物质还是精神上的内容都极其丰富，比如徽派建筑、新安理学和医学、徽剧、徽菜、徽州画派、方言、风俗等等。徽文化产业也就是借助生产、流通、消费、再生产的过程将徽文化产品转化为徽文化商品的产业。作为特色卓著的齐名于藏学和敦煌学的地域文化，徽文化博大精深，其学术性、可继承性、可扩展性、地域性和发展性等特征是自然资源无法媲美的。可以肯定，黄山旅游产业若是以徽文化为内涵，品质自然提升；徽文化产业若是以黄山旅游为形式，活力自然进发。两者的融合已经取得了不少成绩，但在实践中也不可避免存在了一些问题。

本书通过对相关文献的梳理和综述，对产业、旅游和文化等相关概念进行了界定，从经济学属性分析了文化旅游产品的特征，分析了旅游产业和文化产业融合的内容和互动机制，立足宏观角度和以供求引致为基础的微观角度探讨了旅游产业和文化产业融合的必要性，基于旅游和文化的产业功能探讨了旅游产业和文化产业融合的可行性，最后以国际旅游城市黄山为例，分析了旅游产业和代表性地域文化——徽文化产业融合的现状及存在的障碍，并从宏观和微观双重角度为旅游产业和地域文化的有机融合提出了相关对策，以积极响应党的十九大报告中对经济建设、政治建设、文化建设、社会建设、生态文明建设"五位一体"总布局的全面部署。

---

[159]   胡晓明，肖春晔. 文化经纪理论与实务 [M]. 广州：中山大学出版社，2009.

四、研究方法

本书以跨学科、多视角为出发点，广泛挖掘和科学吸收利用已有成果，以国家旅游产业和文化产业、黄山旅游与徽文化产业发展的相关文件为指导，以公开发表以及实地调查的数据为基础，进行归纳演绎与推理。总体上采用实证研究与规范研究相结合的方法，同时采用文献检索查阅法、定性与定量相结合等方法。

第二章

旅游产业和文化产业的界定

党的十九大报告（2017）指出，中国特色社会主义进入新时代，我国社会主要矛盾转化为人民日益增长的美好生活需要和不平衡不充分的发展之间的矛盾。随着新型城市化进程的不断加快，人民关于这种"美好生活的需要"的满足无疑越来越离不开多元、高质、跨界的精神产品，而这类产品的提供也离不开旅游市场和文化市场。

2017 年，我国实现国内生产总值（GDP）827 122 亿元。全年国内游客 50 亿人次，比上年增长了 12.8%；国内旅游收入 45 661 亿元，增长了 15.9%。入境游客 13 948 万人次，增长了 0.8%。其中，外国人 2 917 万人次，增长了 3.6%；香港、澳门和台湾同胞 11 032 万人次，与上年持平。在入境游客中，过夜游客 6 074 万人次，增长了 2.5%。国际旅游收入 1 234 亿美元，增长了 2.9%。国内居民出境 14 273 万人次，增长了 5.6%。其中因私出境 13 582 万人次，增长了 5.7%；赴港澳台出境 8 698 万人次，增长了 3.6%[1]。由此，2017 年我国旅游总收入为国内、国际旅游收入 53 992.72 亿元，占 GDP 的 6.5%，该比重相对于 2016 年我国实现的国内旅游收入 39 390 亿元和国际旅游收入 1 200 亿美元（注：2016 年全年人民币平均汇率为 1 美元兑 6.6423 元[2]）

[1] 中华人民共和国国家统计局 . 中华人民共和国 2017 年国民经济和社会发展统计公报 [R/OL]. [2018-2-28]. http://www.stats.gov.cn/tjsj/zxfb/201802/t20180228_1585631. html.

[2] 2016 年人民币平均汇率 6.64 比上年贬值 6.2% [EB/OL]. [2017-2-28]. http://forex. hexun.com/2017-02-28/188319922.html.

占 2016 年 744 127 亿元 GDP 的比重 6.4% 而言，不仅各项数据绝对数量有较快增长，相对比重也稳中有增，旅游产业对国民经济的贡献也越来越重要。

根据《文化及相关产业分类（2012）》和《文化及相关产业增加值核算方法》的规定和要求，经核算，2016 年全国文化及相关产业收入增加值为 30 785 亿元[3]，占 2016 年 744 127 亿元 GDP 的 4.14%。过去 5 年，我国文化产业收入年均增长 13% 以上，这个增长接近 GDP 增速的两倍。在中南出版传媒集团股份有限公司董事长龚曙光看来，13% 的新成绩表明文化产业在国民经济转型发展中的分量越来越重，作用越来越大，体现了建设支柱性产业的信心，体现了文化产业从业者的担当[4]。2017 年文化及相关产业收入增加值 35 462 亿元，占 2017 年 827 122 亿元 GDP 的 4.29%，比 2016 年占比 4.14% 增加 0.15 个百分点，继续向国民经济支柱性产业迈进[5]。

一、产业、旅游和文化

（一）产业

从广义上看，产业指国民经济的各行各业。产业是一种社会分工现象，是伴随着生产力的发展和社会分工的深化而产生和发展的，不仅物质生产领域的社会分工

---

[3]　统计局：2016 年文化及相关产业增加值同比增 13.0%[EB/OL]. [2017-9-26]. http://finance.people.com.cn/n1/2017/0926/c1004-29559662.html.

[4]　从两会看 2018 年文化产业发展定位 [EB/OL]. [2018-3-21]. http://cul.china.com.cn/2018-03/21/content_40259780.html.

[5]　2017 文化产业最新"成绩单"：增速保持两位数增长 [EB/OL]. [2018-5-30]. http://news.gmw.cn/2018-05/30/content_29037531.html.

日益深化，而且非物质生产领域的社会分工也在相应地发生和发展，从而使产业的范畴不断扩展。公元前380年柏拉图就曾分析并提出分工的专业化可以增加公众的社会福利。"经济学之父"亚当·斯密在《国民财富的性质和原因的研究》中提出了社会分工打破了"样样通，样样松"的局面，创造了劳动时更大的熟练程度、技巧和判断力，成为了劳动生产率提升的最根本原因。马克思认为商品交换是分工产生的媒介，社会分工最早是由原来毫无联系和交集的生产领域交换产生的，他指出不同的生产领域会因为交换而发生关系，并最终因为交换而转化为互相依赖的部门，分工又使得商品交换得到进一步的扩大，两者相互促进又相互制约。在这个意义上，社会分工的产生与发展必然与商品交换和市场制度紧密联系在一起。随着市场的扩大和市场制度的完善，社会分工得到深化，生产力得到不断发展。

《麻省理工学院现代经济学词典》（1983）对产业的概念进行了描述："产业是指在完全竞争市场的经济学假设下，生产同质产品并相互竞争的一大群企业。"[6]杨治（1985）将产业概念界定为产业是居于宏观经济的单位与微观经济的细胞，即国民经济与企业和家庭之间的一个集合概念[7]。芮明杰（2005）从产品、生产和产业主体三个角度对产业的概念进行了诠释。从产品的角度而言，产业为"同类产品及其可替代产品的集合"；从生产的角度而言，产业为"同类产品及其可替代产品的生产活动的集合"；从产业主体的角度而言，产业为"生产经营同类产品及其可替代产品的企业的集合"[8]。王述英等（2006）从产业结构、产业关联的角度将产业

[6]　赵磊. 旅游产业与文化产业融合发展研究 [D]. 安徽大学, 2012.

[7]　杨治. 产业经济学导论 [M]. 北京：中国人民大学出版社, 1985.

[8]　芮明杰. 产业经济学 [M]. 上海：上海财经大学出版社, 2005.

界定为"具有使用相同原材料、相同工艺技术或生产产品用途相同的企业的集合"[9]。可见，处在同一产业，其经营对象和经营范围都是围绕着共同产品而展开的。

（二）旅游及旅游产业

"旅"是旅行、外出，即为了实现某一目的而在空间上从甲地到乙地的行进过程；"游"是外出游览、观光、娱乐，即为达到这些目的所做的旅行。世界旅游组织定义旅游是指人们为休闲、商务或其他目的离开惯常环境，到其他地方访问，连续停留时间不超过一年的活动。旅游目的是多样的，有休闲、娱乐、度假，探亲访友，商务、专业访问，健康医疗，宗教，其他。早在 20 世纪 20 年代蒙根·罗德（1927）就指出从狭义上来说，旅游是指那些暂时离开自己的住地，为了满足生活和文化的需要，或各种各样的愿望，而作为经济和文化商品的消费者逗留在异地的人的交往。国家联盟统计专家委员会在 1936 年举行的一个国际论坛首次提出："外国旅游者是指离开其惯常居住地到其他国家旅行至少 24 小时以上的人。"1945 年，联合国认可了这一定义，但是增加了"最长停留时间不超过 6 个月"的限定。20 世纪 50 年代奥地利维也纳经济大学旅游研究所指出旅游可理解为暂时在异地的人在空余时间的活动，主要是出于修养；其次是出于受教育、扩大知识和交际的原因；再者是参加各种组织活动，以及改变有关的关系和作用。1963 年，当时的国际官方旅游组织联盟（IUOTO），即世界旅游组织（UNWTO）的前身，在罗马发起召开了世界旅游组织联合国国际旅游大会，大会提出应采用"游客"（visitor）这个新词汇。游客是指离开其惯常居住地所在国到其他国家去，且主要目的不是在所访问的国家内获取收入的旅行者。游客包括两类不同的旅行者：一是旅游者（tourist），在所访问的国家逗

---

[9]　　王述英，白雪洁，杜传中．产业经济学 [M]．北京：经济科学出版社，2006．

留时间超过 24 小时且以休闲、商务、家事、使命或会议为目的的临时性游客；二是短期旅游者（excursionists），在所访问的目的地停留时间在 24 小时以内，且不过夜的临时性游客（包括游船旅游者）。1970 年 9 月 27 日，国际官方旅游组织联盟（世界旅游组织的前身）在墨西哥城召开的特别代表大会上通过了将要成立世界旅游组织的章程。1979 年 9 月，世界旅游组织第三次代表大会正式将 9 月 27 日定为世界旅游日。中国于 1983 年正式成为世界旅游组织成员。自 1985 年起，每年都确定一个省、自治区或直辖市为世界旅游日庆祝活动的主会场[10]。2011 年 4 月 12 日上午，国家旅游局召开"中国旅游日"新闻发布会，确定自 2011 年起，每年 5 月 19 日为"中国旅游日"。

20 世纪 70 年代旅游科学专家国际联合会采用了汉沃克尔和克拉普夫（1942）有关旅游的定义，即旅游是指非定居者的旅行和暂时居留而引起的一种社会现象及社会关系的总和，这些人不会因旅游而永久居留，并且主要不从事赚钱的活动。伯卡特和梅特列克（1974）指出旅游发生于人们前往和逗留在各种旅游地的活动，是人们离开他平时居住和工作的地方，短期暂时前往一个旅游目的地运动和逗留在该地的各种活动。伯特·麦金托什和夏西肯特·格波特（1980）指出旅游是指在吸引和接待旅游及其访问者的过程中，由于游客、旅游企业、东道政府及东道地区的居民的相互作用而产生的一切现象和关系的总和。

在中国古代，公元前的商周时期人们就已经开始注意旅行的类别，殷人和周人习用"旅"字来专指当时最活跃的"商旅"，《易经》中将专为行商客贾卜的卦称为"旅"卦。"旅"字之所以用于商旅，一是"旅"本来就含有行走之意，二是"旅"常被

---

[10]　今日关注：9 月 27 日是"世界旅游日"[EB/OL].[2004-9-27].http://travel.163.com/04/0927/11/119ID8P300061DPJ.html.

古人假借为"庐"，与"庐"字相通的"旅"字便成了当时商业旅游的专称。东周时期，旅行分类更加清楚，东周人除了沿用殷周以来的说法，以"旅"称商旅，以"征"称军旅，以"归"称婚旅，以"巡"称天子之旅，以"迁"称迁徙之旅，他们还用"旅"字为中国旅游史引进了现代"旅游"的概念。"游"的字义是浮行于水中。《诗经·邶风·谷风》中提及人能像鱼一样无拘无束，自由自在地"泳之游之"，实属乐事，《史记·孔子世家》中也提及"优哉游哉，维以卒岁"，所以当时人们把那些随心所欲，"优哉游哉"的旅行活动，如游猎、游览、游学等概称为"游"。"游"的提出，说明东周人已经有了比较明确的旅游范畴，能够把旅游与商旅、聘旅级行役，即礼节性外交和长途公差等功利性的旅游区别开来，这标志着中国古代旅游从此进入了自觉的认识阶段。有关"旅游"一词，最早见于六朝，齐梁时，沈约（441—513年）《悲哉行》"旅游媚年春，年春媚游人"的诗句，用以专指个人意志支配的，以游览、游乐为主的旅行，以此区别于其他种种功利性的旅行。我国著名经济学家于光远（1985）指出，旅游是现代社会中居民的一种短期性的特殊生活方式，这种生活方式具有异地性、业余性和享受性等特点。马波（1999）指出，旅游产业是一种外延比较宽泛的消费趋向性产业，从功能上可以看作一个为旅游者服务的经济系统[11]。张辉（2012）认为旅游产业在向旅游市场提供相似的产品或者服务时，各厂商之间存在竞争的现象，反映了旅游产业是一种产业的属性[12]。在以上定义的基础上，旅游的根本目的在于参与审美、娱乐和社会交往活动；旅游的社会属性和发展特征，决定了它是人们体验异地政治、文化、经济生活的一种高级娱乐活动，并已成为人们社会生活中不可或缺的高级需要形式；从事旅游活动的这些人不会在旅游目的地定

---

[11]　马波. 转型：中国旅游产业发展的趋势与选择 [J]. 旅游学刊, 1999(6).

[12]　张辉. 中国旅游产业发展模式及运行方式研究 [M]. 北京：中国旅游出版社, 2012.

居和就业；旅游具有异地性、流动性和暂时性的自身特征。

从产业供给出发，旅游产业的内涵应该是：从整体来看，以旅游业生产力六要素即吃（旅游餐饮业）、住（旅游住宿业）、行（旅游交通业）、游（旅游景观业）、购（旅游商品业）、娱（旅游娱乐业）为核心，利用旅游设施，以旅行社为产业龙头，由一系列行业部门组成的社会、经济、文化、环境的综合产业，不是实现商品流通的经济部门，而是一个开放的复杂系统[13]。更是一条丰富的产业链，故也被称为无形贸易。旅游产业结构是指旅游产业各部门、各地区以及各种经济成分和经济活动各环节的构成及其相互比例关系。旅游产业结构升级具体表现为旅游产业由低端向高端、由粗放型向集约型以及由政府主导向政府与市场相结合主导转型[14]。随着社会的发展，旅游产业已成为全球经济发展中势头最强劲和规模最大的产业之一，日益凸显它在国民经济中的重要地位。作为一种实践活动，旅游的发展能满足公众日益增长的精神文化需要，对弘扬民族文化、提高国民文明素质都发挥着积极的作用，所以应该大力发展旅游产业。

（三）文化及文化产业

伟大的思想家爱默生曾说过文化开启了对美的感知。"文化"culture 一词来源于拉丁文的动词 colo, colere, colui, cultum 等词，最初指土地耕作和植物培育，后来被引申到精神领域。在汉语系统中，"文化"的本义就是"以文教化"，表示对人的性情的陶冶、品德的教养，本来属于精神领域的范畴。随着时间的流变和空间

[13]   论我国旅游业产业结构的优化调整 [EB/OL]. [2011-02-11]. https://wenku.baidu.com/view/2538444fe518964bcf847cd9.html.

[14]   王兆峰. 基于产业集群的旅游产业结构升级优化研究 [D]. 中南大学, 2009.

的差异，"文化"逐渐成为一个内涵丰富、外延宽广的多维概念。1871 年，英国文化学家泰勒在《原始文化》一书中提出的"文化概念"是被学术界第一个认可的概念，他指出文化是包括知识、信仰、艺术、道德、法律、习俗和任何人作为一名社会成员而获得的能力和习惯在内的复杂整体[15]。1952 年，美国人类学家克罗伯和克拉克洪在《文化：关于概念和定义的检讨》一书中给出了迄今欧美较为公认的文化的定义。他们认为"文化包括各种外显或内隐的行为模式；它通过符号的运用使人们习得及传授，并构成人类群体的显著成就，包括体现于人工制品中的成就；文化的基本核心包括由历史衍生及选择而成的传统观念，特别是价值观念；文化体现虽可被认为是人类活动的产物，但也可被视为限制人类作进一步活动的因素[16]。2001 年联合国教科文组织大会第三十一届会议通过的《世界文化多样性宣言》序言中指出："文化是某个社会或某个社会群体特有的精神、物质、智力与情感方面的不同特点之总和。除了文学和艺术外，文化还包括生活方式、人的基本权利、价值观体系、传统和信仰。"

从广义上来说，文化是指人类在社会历史发展和实践过程中所创造的一切物质财富和精神财富的总和，涉及文学、哲学、政治等方面的内容。文化既有显性的文化，也有隐性的文化，包括由交通工具、服饰、日常用品等构成的物质文化，物质文化由物化的知识力量构成，是显性可感知的，它是人的物质生产活动及其产品的总和，具有物质实体的文化事物；由社会经济制度、生活制度、婚姻制度、家庭制度、社会制度等构成的制度文化，制度文化是由人类在社会实践中建立的各种社会规范构成；由民风民俗、风俗习惯构成的行为文化，行为文化一般具有鲜明的民族和地域

[15]　E.B Taylor. 原始文化：神话、哲学、宗教、语言、艺术和习俗发展之研究 [M]. 连树声，译. 桂林：广西师范大学出版社,2005.

[16]　冯天瑜. 中国文化史 [M]. 上海：上海人民出版社,2005.

特色，蕴藏于民众的日常起居行为中；由思维方式、宗教信仰、学术思想、审美情趣等构成的心理文化，心理文化由人类社会实践和意识活动中经过长期蕴育而形成的价值观念、审美情趣、思维方式等构成。可以这样说，文化就是人类智慧和创造力的体现，只有人类才能创造文化，所以文化的核心问题是人。不同种族、不同民族的人创造不同的文化。人创造了文化，也享受文化，同时也受约束于文化，最终又要不断地改造文化。了解和研究文化，其实质就是观察和研究人的创造思想、创造行为、创造心理、创造手段及其最后成果。狭义上的文化则是将文化涵盖对象限定在精神现象和精神活动方面，是指人类通过创造性的活动而获得并积淀在特定民族中的，以价值观为核心的情感、信仰、习俗等行为方式和规范模式，以及观念意识等生存式样的系统，是由物质、精神、语言和符号、规范和社会组织等要素构成的有机整体[17]。

在古汉语中，"文"的本义，指各色交错的纹理。《易·系辞下》载："物相杂，故曰文。"《礼记·乐记》称："五色成文而不乱。"《说文解字》称："文，错画也，象交文。"均指此义。"化"，本义为改易、生成、造化，指事物形态或性质的改变。如《庄子·逍遥游》："化而为鸟，其名曰鹏。"《易·系辞下》："男女构精，万物化生。"《黄帝内经·素问》："化不可代，时不可违。"《礼记·中庸》："可以赞天地之化育。"等等。归纳以上诸说，"化"，同时又引申为教行迁善之义。"文"与"化"联合使用，较早见于战国末年的《周易》："刚柔交错，天文也；文明以止，人文也。观乎天文，以察时变；观乎人文，以化成天下。" 这里的"天文" 是指自然现象，也就是由阴阳、刚柔、正负、雌雄等两端力量交互作用而形成

[17] 殷晓峰. 地域文化对区域经济发展的作用机理与效应评价——以东北地区为例 [D]. 东北师范大学, 2011.

的错综复杂、多采多姿的自然世界，也即天道自然规律；"人文"是指社会生活中人与人之间纵横交织的关系，如君臣、父子、夫妇、兄弟、朋友之间的人伦社会规律。作为治国者应该通过观察天象，来了解时序的变化；通过观察人类社会的各种现象，用教育感化的手段来治理天下，使天下之人均能遵从文明礼仪，行为止其所当止。"人文"与"化成天下"紧密联系，这是一种明确的"以文教化"的思想。

"文化"和"文明"两词很相近，但两者是不同的。从时间上看，文化先于文明出现，文化存在于人类生存的始终，人类在文明社会之前便已产生原始文化，文明则是人类文化发展到一定阶段的产物；从内容上看，文化的外延比文明更宽泛，文化是人类征服自然、社会及人类自身的活动、过程、成果等多方面物质和精神的总和，而文明则主要是指文化成果中的精华部分；从表现形态上看，文化是动态的渐进的不间断的发展过程，文明则是相对稳定的静态的跳跃式发展过程；从性质上来看，文化是中性的，这是因为文化是人类在征服自然和社会过程中化物化人的活动、过程和结果的一种客观存在，既有优秀成果，也有糟粕，既有有益于人类的内容，也有不利于人类的因素，所以既有正面文化也有负面文化，而文明则和某种价值观相联系，它是指文化的积极成果和进步方面，作为一种价值判断，它是一个褒义的概念，是正面文化形成的结果。

文化产业是一种特殊的文化形态和经济形态。1947 年西方马克思主义法兰克福学派的著名学者阿多诺和霍克海默在《启蒙辩证法》一书中率先使用了"文化产业"的概念，他们特别强调："文化产业必须和大众文化严格区分开来。文化产业把旧的熟悉的东西熔铸成一种新的特质。在其各个分支中，那些适合大众消费的产品，那些在很大程度上决定着消费特性的产品，或多或少地是按计划生产的。某些分支具有相同的结构，或者至少说是彼此互通，它们被置于一个几乎没有差别的系统之中。正是通过技术手段以及经济的和管理的集中化，这一切才有可能实现。"他们从艺术和哲学价值评判的双重角度对文化产业进行了否定性的批判，阿多诺和霍克海默认为文化产品在工厂中凭借现代科学技术手段，以标准化、规格化的方式被大量生产出来，并通过电影、电视、广播、报纸、杂志等大众传播媒介传递给消费者，最终文化不再扮演激发否定意思的角色，反而成为统治者营造满足现状的社会的控制工具。与阿多诺和霍克海默对文化工业的批判立场不同，同属法兰克福学派的本雅明就对文化产业和大众文化持乐观态度，他承认大众文化的积极价值和历史意义。一直到 20 世纪 70 年代中期，西方部分经济学者才逐步对经济与文化之间的关系做了较系统的探讨，阐释了文化产业的兴起及其特点。20 世纪 80 年代初，欧洲议会所属的文化合作委员会首次召集学者、企业家、政府官员组织了专题会议，共同探讨"文化产业"的涵义、政治与经济背景及其对社会与公众的影响等问题。1999 年 10 月，世界银行提出了文化是经济发展的重要组成部分，文化也将是影响世界经济运作方式与条件的重要因素。此时，文化产业已波及经济发展的方方面面。

联合国教科文组织关于文化产业的定义如下：文化产业就是按照工业标准，生产、再生产、储存以及分配文化产品和服务的一系列活动。联合国教科文组织对文化产业的这一定义只包括可以由工业化生产并符合系列化、标准化、生产过程分工精细化和消费的大众化这四个特征的产品，比如书籍报刊等印刷品和电子出版物有声制品、视听制品等及其相关服务，而不包括舞台演出和造型艺术的生产与服务。事实上，世界各国对文化产业并没有一个统一的说法。1997 年，美国出台的"北美行业分类系统"，把新闻出版、影视、通信和信息四大门类融为一体，形成了一个认知文化产业的体系，并且从文化产品具有知识产权的角度进行界定，一般使用"版权产业"，鲜有"文化产业"一词。而同期欧盟的主流观点来自当年发行的《文化产业报告》

中的定义，即文化产业是基于文化意义内容的生产活动，其界定的范围比较宽泛，主要包括文学艺术、音乐创作、新闻出版印刷业、广播影视业、音像业和网络业等，除此之外摄影、体育、艺术拍卖、文化演出等一切具有现代文化内容标识的产品、产业与其他贸易活动也被纳入文化产业的体系当中。日本政府则认为，凡是与文化相关联的产业都属于文化产业。除传统的演出、展览、新闻出版外，还包括休闲娱乐、广播影视、体育、旅游等，他们称之为内容产业，更强调内容的精神属性。尽管世界各国对文化产业从不同角度进行了不同的定义，但文化产品的精神性、娱乐性等基本特征不变，因此，文化产业是以生产和提供精神产品为主要活动，以满足人们的文化需要为目标，具有精神性、娱乐性的文化产品的生产、流通、消费活动[18]。应该说，文化产业的大规模发展使审美的商品属性充分体现了出来，而且使得审美生产与消费呈现出规模化的效应[19]。

1979 年，我国第一家营业性音乐茶座伴随改革开放的春风在广州市东方宾馆诞生了，开始了文化作为消费品的尝试，这被认为是我国文化市场的雏形和文化产业的萌芽。1992 年，邓小平同志南巡讲话极大地解放了人们的思想，党的十四大提出建设社会主义市场经济体制的伟大目标，激发了人们的市场意识、商品意识，文化市场也由此得到了进一步的繁荣。1998 年，文化部设立文化产业司，中国文化产业开始由民间自发发展阶段进入政府致力推动的新时期。2000 年，《中共中央关于制定国民经济和社会发展第十个五年计划的建议》中首次使用"文化产业"一词。2002 年 11 月，党的十六大提出了文化产业是市场经济条件下繁荣社会主义文化、满足人民群众精神文化需求的重要途径。2003 年 9 月，文化部制定下发的《关于

[18]　胡晓明，肖春晖．文化经纪理论与实务 [M]．广州：中山大学出版社，2009．

[19]　王一川．美学教程 [M]．上海：复旦大学出版社，2004．

支持和促进文化产业发展的若干意见》，将文化产业界定为："从事文化产品生产和提供文化服务的经营性行业。文化产业是与文化事业相对应的概念，两者都是社会主义文化建设的重要组成部分。文化产业是社会生产力发展的必然产物，是随着中国社会主义市场经济的逐步完善和现代生产方式的不断进步而发展起来的新兴产业。"2004 年，国家统计局将"文化及相关产业"界定为为社会公众提供文化娱乐产品和服务的活动，以及与这些活动有关联的活动的集合。所以，中国对文化产业的界定是文化娱乐的集合，区别于国家具有意识形态性的文化事业。2007 年 10 月，党的十七大报告明确提出，大力发展文化产业，繁荣文化市场，增强国际竞争力。运用高新技术创新文化生产方式，培育新的文化业态，加快构建传输快捷、覆盖广泛的文化传播体系。2009 年 7 月，国务院常务会议讨论并原则通过了《文化产业振兴规划》，这是新中国成立 60 年来文化产业的第一次专项规划，标志着我国政府已经坚定把发展文化产业上升到国家战略层面，并进入实施阶段。2010 年 4 月，财政部、中国人民银行、文化部等九部委联合制定的《关于金融支持文化产业振兴和发展繁荣的指导意见》发布。2011 年 3 月公布的我国《国民经济和社会发展"十二五"规划纲要》中提出推进文化产业转型升级，推进文化科技创新，改造提升传统产业，培育发展新兴文化产业，增强文化产业整体实力和竞争力，这一战略目标的确立更为加快文化旅游发展，促进文化与旅游融合提供了难得的机遇。2016 年，我国文化及相关产业增加值 30 785 亿元，比上年增长 13.0%；占国内生产总值的比重为 4.14%，比上年提高 0.19 个百分点[20]。2018 年 3 月通过的国务院机构改革方案合并了文化

[20] 中华人民共和国国家统计局. 中华人民共和国 2017 年国民经济和社会发展统计公报 [R/OL]. [2018-2-28]. http://www.stats.gov.cn/tjsj/zxfb/201802/t20180228_1585631. html.

部与国家旅游局，不再保留原文化部、国家旅游局，而是将文化部、国家旅游局的职责整合，组建文化和旅游部，作为国务院组成部门。当前我国经济发展步入新常态，文化产业如果能保持健康、快速、可持续发展，就能在培育经济新增长点、推动经济结构深层次调整中发挥更大作用。

二、文化旅游市场及其产品特征

从宏观角度来看，文化产业和旅游产业的融合必定是多方面的。比如旅游产业与文化产业的有关文化生产、文化观光、文化创意、影视传媒、娱乐演艺等方面的融合。张辉等（2006）认为旅游产业融合是旅游产业与国民经济其他产业之间以及旅游产业内部不同行业之间，通过相互渗透、相互交叉而逐步形成新产业的动态发展过程[21]。程锦等（2011）认为旅游产业融合是旅游产业与其他产业或者旅游产业内部不同行业之间发生相互渗透、相互关联，最后形成的新的产业形态[22]。李锋等（2013）从促进旅游产业结构发展的角度认为，旅游产业融合是旅游产业及其内外关联企业为实现更优发展，利用新技术和新手段促进其在旅游资源、旅游人才、资本市场和业务市场等方面进行动态融合发展的过程，其目的是实现旅游企业综合价值最大化，最终表现为促进旅游产业结构的转型升级[23]。从微观角度来看，无论层次再多、内

[21]　张辉，秦宇 . 中国旅游产业转型年度报告 2005：走向开放与联合的中国旅游业 [M].
北京：旅游教育出版社 , 2006.

[22]　程锦，陆林，朱付彪 . 旅游产业融合研究进展与启示 [J]. 旅游学刊 , 2011（4）.

[23]　李锋，孙根年，辛欣 . 旅游产业融合与旅游产业结构演化关系研究——以西安旅游产业为例 [J]. 旅游学刊 , 2013(1).

涵再广、形式再复杂的融合都要在兼备需求和供给双重力量的、以文化旅游产品为交易对象的文化旅游市场上来交易。

（一）市场和文化旅游市场

简单点说，市场就是人们商品交换的场所或接触点，可以是有形的场所，也可以是无需固定场所的无形市场。在我国古代，《易传》中所记载的"日中为市，致天下之民，聚天下之货，交易而退，各得其所"就是对这种在一定时间和地点进行商品交易的市场的描述。通常从狭义而言，市场就是商品交换的场所。从广义而言，市场就是指在一定的时空条件下，买卖双方让渡其商品的交换关系的总和。显然，旅游市场从狭义而言就是旅游产品交换的场所，而从广义而言，就是旅游产品的买卖双方交换关系的总和，旅游市场是整个市场体系的重要组成部分。在旅游市场中，旅游产品可以完成使用价值和价值在买卖双方之间的转换。相应地，从狭义而言，文化市场是文化产品交换的场所，如果从广义而言，就是文化产品的买卖双方交换关系的总和，文化市场是整个市场体系的重要组成部分。在文化市场中，文化产品可以完成使用价值和价值在买卖双方之间的转换。而本书从旅游和文化产业融合的角度展开分析，所以更关注提供文化旅游产品的文化旅游市场，它不同于以提供自然风光资源型旅游产品为主的资源旅游市场，文化旅游市场的范畴比旅游市场的要小，也更明确，即狭义上为提供文化旅游产品交换的场所，广义上为文化旅游产品的买卖双方交换关系的总和，文化旅游市场是整个市场体系的重要组成部分。

要想构建一个市场，市场主体和市场客体都是不可缺少的要素。市场主体即市场的参与者，是在市场上从事各种交易活动的当事人，包括自然人、法人、家庭、企业、社团组织、政府等。无论交易活动的程序和内容多么复杂，从一定意义上来说，无非就是买和卖之间的关系，就是说市场的主体就是买者和卖者，或者说是消费者（需求者）和生产者（供给者），这里的生产者并不仅仅指物质生产部门产品的提供者，也可以是非物质生产部门产品的提供者，即一切对财富的增值有贡献的提供者。市场客体是指市场主体在市场活动中的交易对象，体现着市场交换中的经济关系，是各种经济利益关系的物质承担者，包括商品、劳动力、工资、技术、资金、信息等。

从微观角度来看，通常文化旅游市场的主体包括需求和供给两方。其需求主体即为旅游者，即对文化旅游市场的商品有购买欲望并有支付能力的一方。文化旅游市场的供给主体就是对文化旅游市场的商品有提供欲望并有生产能力的一方，可以是自然人，可以是非盈利性的社会公共文化教育机构，比如博物馆、艺术馆，但更多的是作为法人的文化旅游企业，最常见的文化旅游企业包括文化旅游批发经营商和文化旅游零售商。文化旅游批发经营商是指主要经营文化旅游产品批发业务的旅行社或旅游公司，这些旅行社或旅游公司通常会大批量地订购交通运输公司、饭店、目的地经营接待业务的旅行社、旅游景点等有关旅游企业的产品和服务，并将这些单向产品组合成为不同的包价旅游线路产品或包价度假集合产品，再通过一定的销售渠道向旅游消费者出售，当然大批量地订购是建立在对市场的了解和预测基础上进行的；文化旅游零售商是指主要经营文化旅游产品零售业务的旅行社，比如旅游代理商，这些代理商所从事的就是向顾客销售文化旅游产品。

文化旅游市场的客体自然就是文化旅游产品，是以文化旅游资源为支撑，旅游者以获取文化资源、增智为目的的旅游产品。旅游者在旅游期间进行历史、文化或自然科学的考察与交流、学习等活动。旅游是一种文化现象，是社会文化发展的必然产物。文化旅游的实质就是文化交流的一种形式，由于文化表现形式多种多样，因此旅游活动的内容和形式也大不相同。但是，进行任何文化旅游消费的旅游者都是为了追求一种文化享受，获得精神与智力的满足，是一种较高层次的旅游活动。

（二）文化旅游和旅游文化

文化旅游与旅游文化是两个既有一定联系又有严格区别的概念。文化旅游作为一种富含文化内涵的综合性旅游活动，既是人们对旅行目的地文化的一种阶段性感知和体验过程，也是人们对审美情趣和民族文化情感的一种诉求与表达，它属于旅游的范畴，文化是旅游的目的和主要内容。文化旅游可以说是旅游的一种类型，与近郊旅游、乡村旅游、休闲农业旅游、生态旅游、宗教旅游、节庆旅游等相并列，与旅游在内涵上存在着有机的联系。在现代，人们在旅游活动中除了身体所获得的感受之外，更注重富有文化内涵的旅游活动，从中获得知识、价值、信仰、欲望、情调等内心的成长，即现代人需要旅游作为生活的一种调剂形式，从而满足精神上的更高需求。显然，现代文化旅游的理念充分体现了马斯洛提出的人类需求层级中的最高层次，即自我实现以及求知、求美的精神需求。同时现代文化旅游促进了旅游产品的升级、相关产业的融合、旅游观念的转变以及社会环境的改善。像我国许多著名旅游景点都是以悠久的民族文化为吸引力，例如北京故宫长城、曲阜三孔、西安兵马俑等都是利用传统文化来发展旅游业的。这种方式不仅能够提高旅游业的经济效益，而且使我国传统文化得以弘扬与流传。

而旅游文化是人类文化的组成部分，属于文化的范畴，是文化的一个门类，与诸如建筑文化、生态文化、艺术文化、医学文化等相并列，是文化的一种类型，人们在旅游活动中，为了享受和发展，以旅游者为主体，以旅游资源为凭借，以旅游业为纽带，以旅游群体生活和心理互动为形式创造出的旅游环境、旅游方式、旅游习俗的总和构成了旅游文化。由于旅游市场主体必须经由旅游出发地至旅游目的地，旅游者会不断跨越两个或多个文化空间和社会环境，旅游市场主体将会把目的地文化传播到出发地，从而形成不同的文化碰撞、交流和融合。它既有物质方面的内容，也有精神方面的内容，还包括制度和行为方面的内容。它是应旅游需求而产生，为旅游活动所创造，由旅游活动来实现，贯穿于吃、住、行、游、购、娱等旅游活动的全过程，并随着旅游活动而形成的物质财富和精神财富。物质财富主要有旅游的服饰、建筑、餐饮、商品、交通、卫生、通讯、游乐、信息及其有关的设施等；精神财富主要有旅游的文学、艺术、科学、教育、习俗、道德、政策、法规等。但从根本上讲，旅游文化是人类在旅游活动过程中衍生出来的价值观、态度、信念、意义系统。由于旅游市场主体所处时代、所处地域不同，会形成不同的审美标准，表现出不同的行为方式，继而形成不同的旅游文化。比如在中国古代，民众更多为拘谨和内向的性格，而现代旅游者则表现出更开放和外向的性格。古人可能并不视为美景的，而今人却有可能赞不绝口。再比如中国大多数旅游者比较内敛稳健，而西方大多数旅游者则比较外向和具有冒险精神；中国人旅游注重内心的感受，而西方人则注重对外部世界的观察与探究；中国人比较看中旅游的道德功效，且富于人文情怀，而西方人则更看重知识的价值，富有科学精神。旅游文化同样会因为旅游者所属阶层的不同伴随有不同的经济收入、受教育程度、职业性质、居住环境、旅游工具和闲暇时间，从而形成了不同的旅游爱好、旅游性格和旅游观念。

一方面，文化的发展丰富了旅游文化的内容，进而促进旅游文化的发展。另一方面，旅游文化的发展又能为文化旅游提供内涵丰富的旅游内容，以满足旅游者的各种文化需求。在外延上，文化旅游可以说是旅游文化的一个研究内容，而旅游文化的内容要比文化旅游丰富得多[24]。旅游学者理查斯给了文化旅游这样的定义："文

[24] 吴光玲．关于文化旅游与旅游文化若干问题研究 [J]．经济与社会发展，2006(4).

化旅游不仅是对历史中产生的文化成果的消费，也是对一个人群或一个地区的当代生活方式的旅游。"也就是说，文化旅游不仅在于历史遗迹，同样在于对当代生活的体验。但后者显然不如前者能够满足文化旅游者对炫耀的需求。所以文化旅游产品是以文化为本质，文化也是旅游的目的，以旅游为形式来为旅游者提供效用。

（三）文化旅游产品特征

根据旅游者的需求和消费指向，文化旅游产品可以分为五类。包括适应精神放松需求的休闲型文化旅游产品，比如北京的胡同文化旅游，这类产品的功能是适应旅游者脱离原有"固定的"生活环境和"程式化"生活方式的需求；满足旅游者文化好奇心的奇异型文化旅游产品，比如美国大峡谷旅游胜地，这类文化旅游产品满足旅游者对新鲜事物、特殊人文景观的兴趣，选择一些具有特殊性的文化题材，如奇风异俗、奇闻逸事、奇人奇物进行展示；满足旅游者求知、学习需求的修学文化旅游产品，这种文化旅游产品是以学习、研究某一项专题文化为目的的文化旅游类型，旅游者希望以此开阔视野、增长知识、丰富阅历，修学文化旅游的动机是出于文化求知，通过丰富和拓展知识层面，调整自己的知识结构，适应社会的文化需求，提高自身的文化修养；满足旅游者文化憧憬和追求的理想型文化旅游产品，旅游者的异地文化憧憬基于远距离的审美联想情感，这种距离不仅是地理上的也是文化上的；满足发现自我潜能、挑战"文化极限"的发展型文化旅游产品，这类文化旅游产品的消费者通过文化旅游考察、体验与自己居住地不同的生活文化，增加新的阅历，形成新的思想，实现自己的精神价值[25]。文化旅游产品一般具有以下特征。

---

[25]　赵晶媛．文化产业与管理 [M]．北京：清华大学出版社，2010．

1. 文化旅游产品多为无形商品

与其他产品相比，服务在文化旅游产品中占有较大的比重。服务性产品是能为顾客创造价值的实体或过程，服务仅是一种行为、一种活动、一种可以被用以交换的无形商品。凡是商品，就必须同时具备使用价值和价值。无形商品作为商品的基本形态之一，同样具有使用价值和价值。其中，使用价值是无形商品的自然属性，也是最基本的属性；价值则是无形商品的社会属性。作为旅游市场的旅游者，往往比其他产品的消费者购买更多的服务，所以有"服务是文化旅游产品灵魂"之说。但笼统地把文化旅游产品看成旅游服务或把两者等同起来是不恰当的。若从各种单项文化旅游产品出发，服务的成分可能是主要部分，也可能是次要部分。但是毫无疑问，服务使得文化旅游产品多为无形商品。

2. 文化旅游产品重在文化的体验性

文化旅游市场的主体选择文化旅游产品，参加文化旅游活动，就是为获取全新的文化体验。文化旅游产品是否能够做成功，旅游者体验成为一个关键点，旅游者购买了文化旅游产品，并非是结束了交易，恰恰是一个新的开始。当旅游者在整个旅游过程中感受文化旅游产品时，旅游者体验之旅才真正开始，而旅游者的体验之旅是否愉快会影响到旅游者是否会主动投入时间和精力参与和再参与。毫无疑问，如果能够通过与旅游产品间的互动，实现文化素养、审美经验和精神境界的升华，获得畅爽旅游体验，实现自我价值，文化旅游产品为旅游者带来强烈的文化体验性，必然会有效开拓和占有市场。

3. 文化旅游产品具有不可转移性

文化旅游产品的不可转移性主要表现在文化旅游市场提供的产品所凭借的吸引物和旅游设施是无法从旅游目的地运输到客源所在地来供旅游者消费的，且只能以文化旅游产品的信息传递引起旅游者的流动来实现。所以文化旅游产品的价值能得以实现必须建立在将旅游者吸引到旅游目的地的基础上。相对于实物产品来说，旅游文化产品是通过中间商的促销活动把游客组织到目的地来进行消费。而且，这种不可转移性还体现在文化旅游产品销售后所有权的变更上，文化旅游产品的资源设施以暂时的使用权为主，其中的文化旅游产品交换虽以所有权转移为主，但这在整个文化旅游产品中并不占优势。

4. 文化旅游产品具有生产和消费同步性

文化旅游产品一般都是在旅游者来到生产地点时才予生产并交付使用的，比如表演类、影视类的文化旅游资源在表现形式上比较特殊，生产者的生产和消费者的消费、使用是同步的，无需存储，也就是文化旅游产品需要由旅游市场的主体即生产者和消费者双方共同参与"从产到享"这个过程。在这个意义上来说，尽管文化旅游产品的消费与购买有时会分离，绝大部分文化旅游产品也确实是提前定购的，但文化旅游产品的生产和消费通常是同时同地发生的。旅游者消费旅游产品的过程，也就是旅游产品生产者生产和交付文化旅游产品的过程。

5. 文化旅游产品需求价格弹性不断趋小

弹性本是物理学术语，但在经济分析中，会经常用到弹性分析法。弹性是个非常有用的概念，它表示在存在相关关系的两个变量之间，因变量的相对变化与自变量的相对变化之比值。换句话说，弹性描述的是因变量对自变量变化的敏感程度，也就是计算自变量变化 1 个百分点，因变量要变化几个百分点。

弹性 = 因变量的相对变化 / 自变量的相对变化 = （△Y/Y） /（△X/X）

=（△Y/△X）·（X/Y）

需求价格弹性则是一定时期内消费者的需求数量基于市场价格的变动的敏感程

度，其大小受到多重因素的影响，比如商品的可替代程度、商品对消费者生活的重要程度、商品在市场中的定位、商品预算支出占总支出的比重、商品用途的宽泛性、消费者调整需求量的时间性等。文化旅游产品通常属于精神消费品，非生活必需品，故往往其需求价格富有弹性。但随着经济的发展、社会物质文明和精神文明的不断积累，消费者的旅游消费需求随着自身修养、受教育水平的提升，收入状况的改善等外部环境的影响而不断改变，物质需求得到满足后消费者更加追求精神方面的需求，现代消费者对旅游的需求不仅仅停留在游山玩水，他们对于文化旅游的需求不断增加，必然会对文化旅游产品依赖性增强，文化旅游产品的需求价格弹性趋势逐渐减小。

6. 文化旅游产品需求收入弹性基本为正

弹性沿用到经济学中反映了两个变量之间变化的敏感性系数，除了需求价格弹性，需求收入弹性也被用来量化商品支出对消费者收入变动的敏感性。若借用城镇居民旅游支出与城镇单位就业人员工资收入的相对变化程度构建弹性系数，就可以反映城镇单位就业人员工资收入每增加1%，城镇居民会相应在旅游花费上变动多大程度[26]。

城镇居民旅游消费收入弹性＝城镇居民旅游花费相对变动／城镇单位就业人员工资收入相对变动

由于难以获取文化旅游产品支出的准确数据，表2.1中2000－2016年的统计数据源自于2017年统计年鉴，采用了城镇居民（国内）旅游花费的相关数据，计算城镇居民国内旅游花费占旅游总花费的比重、城镇居民国内旅游花费的相对变动、城镇单位就业人员工资总额相对变动以及城镇居民旅游消费收入弹性。

---

[26] 汪艳. 新型城市化下旅游产业结构及其升级研究 [J]. 黑龙江八一农垦大学学报, 2015(1).

表 2.1 2000—2016 年城镇居民国内旅游花费及城镇单位就业人员工资收入和变动情况

年 份	国内旅游总花费 / 亿元	城镇居民国内旅游花费 / 亿元	城镇居民国内旅游花费占总花费比重 /%	城镇居民旅游总花费相对变动 /%	城镇单位就业人员工资总额 / 亿元	工资总额相对变动 /%	城镇居民旅游支出收入弹性
2000	3175.5	2235.3	70.4		10954.7		
2001	3522.4	2651.7	75.3	10.36	12205.4	10.8	0.96
2002	3878.4	2848.1	73.4	9.62	13638.1	11.1	0.87
2003	3442.3	2404.1	69.8	−11.91	15329.6	11.7	−1.02
2004	4710.7	3359.0	71.3	31.11	17615.0	13.9	2.24
2005	5285.9	3656.1	69.2	11.51	20627.1	15.8	0.73
2006	6229.7	4414.7	70.9	16.39	24262.3	16.2	1.01
2007	7770.6	5550.4	71.4	22.01	29471.5	19.4	1.13
2008	8749.3	5971.7	68.3	11.85	35289.5	18.0	0.66
2009	10183.7	7233.8	71.0	15.15	40288.2	13.2	1.15
2010	12579.8	9403.8	74.8	21.05	47269.9	15.9	1.32
2011	19305.4	14808.6	76.7	42.19	59954.4	23.7	1.78
2012	22706.2	17678.0	77.9	16.19	70914.2	16.7	0.97
2013	26276.1	20692.6	78.8	14.58	93064.3	13.5	1.08
2014	30311.9	24219.8	79.9	14.26	102817.2	10.0	1.43
2015	34195.1	27610.9	80.7	12.04	112007.8	8.6	1.40
2016	39390.0	32241.3	81.9	14.12	120074.8	7.0	2.02

依据表 2.1，分析结论如下：

（1）除 2003、2005 和 2008 年之外，城镇居民国内旅游花费占旅游总花费的比重略低于 70%，从 2000 年至 2016 年间的其他年份都在 70% 以上，2015 年和 2016 年更是高达 80% 以上，说明国内旅游业的主要消费对象为城镇居民，国内旅游业的收入来源主要是城镇居民在国内旅游的支出。这主要是由于城市化进程的跃进，城镇边缘不断扩展，农村人口不断流向城市而不断减少，留守农村的人口多为受教育程度较低的年长者和年幼者，消费基本以生活必需品为主。

（2）城镇居民国内旅游花费相对变动在 2013 年出现负增长，其余年份为正，这与 2003 年的"非典"造成的公众聚集恐慌直接相关。"非典"过后，伴随公众恐慌情绪的稳定和消失，2004 年出现了大反弹。另一次显著的增速出现在 2010－2011 年，虽然 2009 年金融危机对全球经济产生负面影响，但是国家旅游局和各级地方政府积极采取了各种及时有效的应对措施发展旅游业，比如山东省 2009 年末在全国率先推出了"山东人游山东""到山东过大年"活动，这样的创意不仅仅是出于对旅游本身的考虑，更是立足创新旅游产品形成新的消费热点，创新消费观念拉动新的消费需求，创新传统文化形成新的节日民俗，创新消费业态形成新的经济增长点，自然而然成为了全省旅游工作的亮点，更为全国整个旅游行业引领了示范，多地倡导和组织了当地人游当地景点的活动，为旅游业应对国际金融危机和扩大内需做出了积极贡献。而且伴随铁路、公路、民航、水运等基础设施不断增加，宾馆饭店、景区景点等旅游接待设施建设加快，旅游投资持续升温，旅游供给不断增加，我国旅游市场宏观环境进一步改善引起了城镇居民国内旅游花费不仅稳而且大幅增加，也为旅游业应对国际金融危机和扩大内需做出了积极贡献。

（3）城镇居民旅游支出收入弹性除却"非典"的 2003 年为负，其余年份均为正，说明旅游消费在商品属性上属于强势正常商品，城镇单位就业人员工资收入的增长会带来城镇居民国内旅游花费的扩张，且城镇居民旅游消费弹性系数在2000－2016年17年间只有5个年份是大于0小于1，但也接近于1，其余大多数年份都是大于1的。当弹性系数大于0小于1时，说明城镇就业单位人员工资收入增加的速度超过了城镇居民国内旅游花费的增加速度，从量化的结果进行定性，在这样的年份国内旅游产品对城镇居民而言是正常商品当中的必需品。在这种情况下，在城镇单位就业人员工资收入增速大时，虽然旅游花费增加得不会太快，但是遇到城镇单位就业人员工资收入减少时，旅游花费减少得也不会太多。然而绝大多数年份，城镇居民旅游消费收入弹性是大于1的，说明城镇居民国内旅游花费的增长速度超过了城镇单位就业人员工资的增长速度，从量化的结果进行定性，在大多数年份国内旅游产品对城镇居民而言是正常商品当中的奢侈品，充分说明了在资源有限的情况下，国家产业政策应该大力支持旅游行业的发展，因为随着城镇居民收入水平的不断提高，在旅游产品上的花费会增加得越来越快，旅游市场产品的供给及其各种配套必须相应匹配。当然遇到"非典"这样的天灾，经济运行的结果可能不受规律的影响。

换句话说，如果旅游产品是必需品，对生活的重要性就高，事实上从人的需求层次来看，生存的基本需要被满足后，迟早会考虑闲暇，旅游就是闲暇的重要载体。伴随经济增长，公众越发重视生活质量，对旅游产品的需求会越发强劲，所以市场能够提供什么样的旅游产品、是不是符合新型城市化的规律是值得关注的。由于文化旅游产品比旅游产品的口径要小，消费者对于生活质量水平的评价越来越注重精神层面的获取和评价，对于文化旅游产品的需求不断增加，故旅游产品需求收入弹性变化的趋势也适用于文化旅游产品。

三、旅游产业和文化产业融合的内容

文化、旅游产业是联系紧密的现代服务业的两个重要组成部分，旅游产业发展到了一定阶段，旅游收益更多地不是依靠人次的增加，而是来自于文化产业和旅游产业融合发展下的品质提升，文化和旅游的相互融合、相互渗透，丰富了旅游内容，激发了文化活力，融合发展而成的文化旅游产业是当代经济社会发展中最具活力的新兴产业，并能成就无上限的综合性大产业。旅游产业和文化产业融合的内容丰富，主要包括技术融合、资源融合、产品融合、业务融合、市场融合、功能融合和区域融合。

世界知识产权组织在 1977 年出版的《供发展中国家使用的许可证贸易手册》中给出了有关技术的定义，即技术是制造一种产品的系统知识，所采用的一种工艺或提供的一项服务，不论这种知识是否反映在一项发明、一项外形设计、一项实用新型或者一种植物新品种，或者反映在技术情报或技能中，或者反映在专家为设计、安装、开办或维修一个工厂或为管理一个工商业企业或其活动而提供的服务或协助等方面[27]。就技术融合而言，1963 年，Rosenberg 通过对美国机械工具产业技术演变的研究提出了技术融合的概念[28]。1975 年，麻省理工学院 Negrouponte 用三个重叠的圆来描述计算、广播和印刷三者的技术边界，他认为三个圆的交叉处就是不同产业之间的初级技术融合，指明技术融合可以显著改变同一产业或不同产业的产品形态、竞争形式和价值创造过程，技术融合通过这种本质开始发挥作用[29]。也就

[27] 技术 [EB/OL].https://baike.baidu.com/item/ 技术 /13014499/.

[28] Rosenberg N.Technological change in the machine tool industry: 1840-1910[J].Journal of Economic History, 1963(23).

[29] Nicholas Negrouponte. Industry evolution and competence development: the imperatives of technological convergences[J]. International journal of technology management,1975(7-8).

是说，从技术角度看，产业融合这种经济现象最初表现为技术融合。旅游产业和文化产业基于各自产业的资源、开发、生产等形成了特定技术边界，在文化产业和旅游产业融合的过程中，离不开各种新技术的支持，尤其是信息技术和互联网技术的变革极大地影响和改变着这两大产业的发展。因为技术融合会模糊，抑或收缩扩大而改变产业的边界，新技术在融合过程中的应用改变了传统文化产品和旅游产品的形态，比如当今各类时髦的主题公园、大型实景演出开始陆续进入文化旅游市场，都依靠新技术的应用，才实现为有创新、有理念和有体验的新兴旅游产品，丰富了文化旅游产品种类及其服务，扩大了旅游文化的内涵，提升了旅游者的消费体验和感受，所以技术融合对于文化产业和旅游产业之间的融合是关键性的融合。

资源融合是文化产业和旅游产业融合过程的基础性融合。资源是一切生产的基础。有人说，世间资源除了自然资源，都是文化资源。在实践中，无论是非物质的民间艺术、文化习俗、影视传播、游戏娱乐、歌舞等文化产业的资源，抑或是农业、工业等其他产业的资源，通过与旅游产业的有机结合，必然使旅游资源的外延得以不断拓展，从而形成更加丰富的自然景观或者人文景观形态的旅游资源。文化资源与旅游资源之间融合的程度越高，越能推动文化旅游产业的融合发展。

产品是利用资源作为生产的投入和基础并经过生产过程从而实现的相应产出。利用文化资源及旅游资源的融合可开发出来具有特色的文化创意型旅游产品。从广义上来说，技术也是一种资源，技术甚至可以改变初始可利用的资源。基于技术之上的文化产业和旅游产业融合的产品可以受益于创新，实现产品融合，由此更是可以大大丰富市场中可交易的旅游产品类型，拓宽旅游产品的边界，满足多样化的旅游需求，保护和延续文化资源，并提升文化和旅游两大产业的发展质量。

文化产业和旅游产业融合的直接结果必然伴随市场上大量企业的出现。技术融合、资源融合抑或产品融合都是要通过各旅游和文化产业内的企业执行和实施才能得到最终的落实，作为市场微观主体的文化企业和旅游企业的业务应该避免单一化，应该配合技术、资源和产品的融合而实现多样化，所以企业在内部组织结构、企业文化和经营范围等方面需要不断调整、创新，并寻找合作伙伴实现业务上的融合。

当文化产业和旅游产业的融合发展随着技术、产品和业务等融合进入到了一个新的层面时，市场融合作为高级阶段的融合就会出现。随着文化旅游产业的纵深发展，各微观主体企业面临的市场竞争会日益激烈，这需要企业准确定位目标市场和把握市场，而定位和把握的前提是能准确细分市场。相应的文化旅游市场所具备的要素资源与技术等相结合成为一系列新的创意型文化旅游产品和服务，并依靠市场这只"看不见的手"自发调节来满足旅游者多样的消费需求，实现两大产业资源更有效的配置。

功能是事物发挥的有利作用。旅游具有多重功能，大致可分为观光、休闲、体验、娱乐、养生、度假等功能；文化是社会的产物，也同样具有多重社会功能，主要有信息、教化、培育、引导、审美、娱乐等功能。就功能融合而言，它是指能够使相互有关联的产业的某项或某些功能通过彼此的融入得以突显和深化，培育出更加符合市场需要的产品和服务，并为彼此带来业务，带来更大市场份额。文化产业和旅游产业之间的功能融合带来的旅游和文化某项或某些功能的突显和深化不是独立的，从长期来看，必须考虑将文化旅游产品的功能与旅游目的地居民的各项需求相结合，比如历史街区、古桥古堤、文物古迹等的恢复和改造都立足于旅游目的地居民和旅游者的共享。如此的功能融合不仅可进一步提升文化旅游产业的发展空间，还可使其发展格局在当地经济社会中得到合理布局。

区域融合是文化产业和旅游产业融合在空间上的拓展，既是增强产业空间竞争能力的市场行为，也是区域经济实现最优化发展的一种选择。旅游者受旅游目的地各种旅游文化的吸引，尤其是有独特区域性文化的旅游目的地，旅游者会在旅游目的地的地理空间实现高度集聚，旅游目的地也会因为旅游者的集聚形成各种文化旅游创意空间，从而拉动区域经济的发展，而区域融合反过来也会对文化旅游产业发展有积极促进作用。因此，在文化旅游产业融合发展中，实现区域融合有助于提升旅游产业在空间范畴上的竞争实力，同时也能够实现区域环境内的经济发展最优化。

四、旅游产业和文化产业融合的互动机制

关于旅游产业与文化产业融合的机理和模式，李美云（2008）以旅游景点业和动漫业的产业融合模式为研究对象，认为两者的融合借助了技术手段的创新，突破了原有的产业边界[30]。刘艳兰（2009）分析了文化产业与旅游业融合的必然性、融合过程以及实景演艺这一融合产物[31]。杨胜雄（2009）以铜仁地区为切入点分析了该地区旅游产业的劣势和存在的问题，提出了保护民族文化、完善旅游配套基础设施、打造文化精品等一系列促进铜仁地区旅游产业与文化产业发展的措施[32]。覃振锋（2010）提出了北海文化产业与旅游产业融合发展的实施路径[33]。张海燕等（2010）构建了旅游产业与文化产业相互依存、共生互融、互动共进的互动机制，并从价值

[30]　李美云．论旅游景点业和动漫业的产业融合与互动发展 [J]．旅游学刊，2008（1）．

[31]　　刘艳兰．实景演艺：文化与旅游产业融合的业态创新——以桂林阳朔印象刘三姐为例 [J]．黑龙江对外经贸，2009（8）．

[32]　　杨胜雄．关于发展铜仁地区旅游文化产业的思考 [J]．中共贵州省委党校学报，2009（1）．

[33]　　覃振锋．北海文化产业与旅游产业融合发展的实施路径 [J]．沿海企业与科技，2010（11）．

链角度分析了两产业融合的过程，从技术、产品、企业、市场四个层面对两产业融合的过程进行了解释[34]。陶婷芳等（2010）结合案例深入探讨了上海都市旅游与文化产业融合的文化创意产业集聚发展、文化资源的片区整合发展、历史文化遗产的空间开发和利用三种发展模式[35]。麻学锋等（2010）将旅游产业融合的路径概括为资源融合、技术融合、市场融合和功能融合四种形式[36]。袁俊（2011）基于野外调查和文献分析，归纳出深圳市文化产业与旅游产业互动发展的三种基本模式，即产业融合的旅游新产品模式、产业链延伸的文化产业景点化模式、产业联动的新型旅游营销模式，在此基础上探讨了深圳市旅游产业与文化产业互动发展的空间模式[37]。蒋才芳等（2011）在国内外旅游业与文化创意产业相关研究综述基础上，分析了湘西民族地区发展文化旅游创意产业的优势，构建了湘西民族文化旅游与文化创意产业的融合模式[38]。付瑞红（2012）选取秦皇岛市为案例城市，指出文化产业和旅游产业融合发展的前提是产业界限明晰和平等的产业地位，文化旅游的发展是两大产业融合的空间和平台，分析了文化产业和旅游产业融合的路径在于政府角色的发挥、文化旅游创意产业园区的创建和人才培养体系的建立[39]。谢爽（2014）提出以贵州省民族文化为特色，以旅游产业作为文化产业发展的引擎，从而带动旅游产业与文

[34]　张海燕，王忠云．旅游产业与文化产业融合发展研究 [J]．资源开发与市场，2010(4)．

[35]　陶婷芳，张秋实，李雪丽，等．上海都市旅游与文化产业融合发展的对策研究 [J]．上海商业，2010(11)．

[36]　麻学锋，张世兵，龙茂兴．旅游产业融合路径分析 [J]．经济地理，2010(4)．

[37]　袁俊．深圳市旅游业与文化产业互动发展模式研究 [J]．热带地理，2011(1)．

[38]　蒋才芳，田运海．湘西民族文化旅游与文化创意产业融合研究 [J]．中外企业家，2011(2)．

[39]　付瑞红．文化产业和旅游产业融合发展的模式与路径 [J]．经济师，2012(9)．

化产业的共同发展[40]。赵华等（2015）指出随着文化创意产业对促进经济发展和增强国家软实力的作用日益增强，乡村旅游与文化创意产业融合成为旅游业的一种创新发展形式，为旅游业注入了活力和生机[41]。赵蕾等（2015）指出旅游与文化具有共同的融合基因，旅游产业与文化产业融合的动力机制与融合路径是指导两者融合的重要理论基础。从产业融合的推力、拉力、支持力和阻力四个层面构建旅游产业与文化产业融合的动力模型，并依照旅游和文化双方经营主体在跨界资源重组中的角色与融合深度，提出旅游产业与文化产业进行整合融合、吸纳融合、渗透融合和重组融合的途径[42]。尹华光等（2015）指出在利益的驱使下，武陵山片区文化产业和旅游产业价值链互动延伸，形成延伸型融合；为满足追求游客愉悦性需求，武陵山片区文化产业和旅游产业逐步重组产业价值链，以此创新产品和服务，从而形成重组型融合模式；随着科技的发展，武陵山片区文化产业和旅游产业通过借助高新技术，将武陵山片区文化产业价值链中的中心环节融入旅游产业，或将文化产业核心价值链融入旅游产业，形成一体化融合[43]。

南宇等（2017）指出甘南藏族自治州文物古迹知名度高、旅游资源丰厚、少数民族风情浓郁、文化旅游资源特色鲜明，应利用异彩纷呈的民族文化资源禀赋使民

[40]　谢爽. 以贵州省为例的旅游业与文化产业互动研究 [J]. 企业导报, 2014(14).

[41]　赵华, 于静. 新常态下乡村旅游与文化创意产业融合发展研究 [J]. 经济问题, 2015(4).

[42]　赵蕾, 余汝艺. 旅游产业与文化产业融合的动力系统研究 [J]. 安徽农业大学学报（社会科学版）, 2015(1).

[43]　尹华光, 王换茹, 姚云贵. 武陵山片区文化产业与旅游产业融合发展模式研究 [J]. 中南民族大学学报（社科版）, 2015(4).

族地区成为国内外游客主要的旅游目的地[44]。关于旅游产业与文化产业融合的评价，张海燕等（2010）认为产业融合通过创新功能、整合功能和结构优化功能提升文化旅游产业的竞争力，在产业融合的基础上，文化旅游产业竞争力主要受文化产业、旅游产业和产业融合环境三个方面因素的影响，并基于此从文化旅游业基础竞争力、竞争潜力和环境竞争力三个角度构建了文化旅游业竞争力的评价指标体系[45]。侯兵等（2015）在综合已有研究和相关政策的基础上，以长江三角洲地区为例，对 16 个城市 2010—2014 年文化产业与旅游产业发展水平及两者融合发展情况进行测度，提出文化产业与旅游产业的产业水平评价指标，利用熵技术确定各指标权重，并借鉴耦合度模型来构建融合发展模型[46]。鲁皓等（2015）借鉴旅游功能系统模型，从供给推动力、需求拉动力、环境引导力和融合发展成功程度四个方面来构建旅游业与文化创意产业融合发展动因及效果的评价指标体系，并对 1 255 家旅游企业和文化创意企业展开问卷调查。研究结果表明，包括社会与政府支持、建立产业对接机制、行业组织参与在内的环境引导力是我国旅游业与文化创意产业融合发展最为重要的动因[47]。翁钢民等（2016）在探讨旅游与文化产业融合发展机理基础上，以全国 31 个省市区 2005—2013 年旅游与文化产业的相关数据为依据，运用耦合协调度模型

[44]　南宇，孙建飞，张萍．丝绸之路背景下甘南藏族自治州旅游产业与文化产业融合问题研究 [J]．干旱区资源与环境，2017(3)．

[45]　张海燕，王忠云．基于产业融合的旅游产业竞争力评价研究 [J]．资源开发与市场，2010(8)．

[46]　侯兵，周晓倩．长三角地区文化产业与旅游产业融合态势测度与评价 [J]．经济地理，2015(11)．

[47]　鲁皓，张玉蓉．旅游与文化创意产业融合发展动因实证分析 [J]．商业经济研究，2015(13)．

和探索性空间数据分析方法，得出中国旅游与文化产业的发展并不均衡，耦合协调程度总体偏低；两产业融合发展水平在空间上存在显著的正向集聚性，且空间集聚程度呈逐年递增趋势；东西部融合程度差距较大，东南沿海地区旅游与文化产业融合发展较快、新兴业态丰富，为"高—高"关联区域，形成带动全国旅游与文化产业融合发展的重要增长极，溢出效应明显；中部地区旅游与文化资源丰富，是未来产业融合发展的重要区域；西部地区则重在引进先进技术和人才，寻找创新发展点，打破"低—低"集聚僵局[48]。曲景慧（2016）指出文化产业的独特创意性与旅游产业的文化传播性为其融合发展提供良好基础，两者在产品、服务、市场、技术等方面的边界日益模糊。从产业综合实力、经营收入、人才机构角度选择 20 个产业融合评价指标，采用耦合协调度模型对中国 7 大区域（31 个省级行政区划）的文化产业与旅游产业融合时空变动进行了评价分析，并从政府、市场、企业等方面阐述了推动产业融合发展的相关建议[49]。

正如前面所述的旅游产业和文化产业的产业功能，基于此之上的两大产业融合发展必然会带来 1+1>2 的效应，最终实现相互促进、共同发展的双赢局面。2014 年"一带一路"的提出，明确了中国未来文化旅游产业发展方向。国务院同期发布的《关于促进旅游业改革发展的若干意见》明确提出要推动创新文化旅游产品发展。为增强和彰显文化自信，统筹文化事业、文化产业发展和旅游资源开发，提高国家文化软实力和中华文化影响力，推动文化事业、文化产业和旅游产业融合发展[50]。2018

[48]　翁钢民，李凌雁.中国旅游与文化产业融合发展的耦合协调度及空间相关分析[J].经济地理,2016(1).

[49]　曲景慧.中国文化产业与旅游产业融合发展的时空变动分析[J].生态经济,2016(9).

[50]　王勇:组建文化和旅游部　不再保留文化部、国家旅游局[EB/OL].[2018-3-13].http://www.xinhuanet.com/politics/2018lh/2018-03/13/c_137035413.html.

年 3 月通过的国务院机构改革方案，国家旅游局与文化部合并，不再保留原文化部、国家旅游局，而是将文化部、国家旅游局的职责整合，组建文化和旅游部，作为国务院组成部门。文化和旅游部的合并，对于提高我国文化软实力和中华文化影响力，产生新的国民经济增长点，推动文化产业和旅游产业融合发展是极其必要的。旅游产业会因为文化产业的融入而变得丰富多彩，别有品位，这是因为文化是旅游的灵魂与精华所在，文化构成了旅游产业不可或缺的主要内容；文化产业也会因为旅游产业而变得生机勃勃，富有活力，这是因为旅游产业成为可以宣传推广文化并传承文化的重要媒介和交流方式，旅游产业为文化提供了新的市场空间。

近年来，随着市场经济的不断发展，旅游产业和文化产业的互动与整合成为时下流行的一大重点研究项目。因为这两大产业的互动和整合从根本上推动着旅游和文化繁荣发展，同时，对于区域文化、经济、社会的协调发展也有积极的影响。与世界各国相比较，我国之所以文化资源丰厚，是因为我国具有悠久的历史、丰富的文物古迹和独特的风俗民情等优势。因此，文化所凸显出的独特优势，为人们旅游带来了动机和目的。相应地，旅游产业作为文化传播和发展的载体，为人们对文化的吸收和了解提供了交流和深化的平台，同时，通过旅游文化产品可以将文化产业推向世界化。近年来，随着时代的发展，旅游产业逐渐呈现出历史遗迹、人文景观、民风民俗等重要的文化资源。文化作为旅游的本质属性，使其因为旅游的开发而变得生机勃勃且富有活力；而旅游作为文化资源的开发者，因为文化的渗透而变得丰富多彩且富有品味。因此，旅游和文化产业的有机融合对经济的快速发展是相当重要的。然而，旅游产业和文化产业之间还存在着一定的互动机制，对将来产业的融合发展也具有极大的作用。虽然旅游和文化产业对各自的资源开发和利用都划定了界限，使得有关部门都按照自身的属性进行发展。然而由于历史遗留和传统划分方法等原因，旅游行业中存在着一些本质应属于文化产业，但却利用文化资源为旅游服务的经营企业；与此同时，在文化产业的范畴中也生存着一些发挥着旅游作用的生产企业。可见，在行业渗透和学科交叉的当今社会，两者之间彼此难分，使得原本隶属各自不同界限的部门将旅游和文化元素合二为一。

虽然在实际上二者各自都具有一些不同的特征，即文化重在经济产业的属性，而旅游重在经济产业的功能，但在旅游产业和文化产业融合发展的当下，两者却具有相辅相成、互利共生的作用。因此，旅游产业和文化产业的发展相互关联，它们之间存在着互动的作用，使得与旅游有关的文化产业的发展成为文化产业发展的重要影响因素，而旅游产品对文化元素的融合，并适当开发对文化产业的发展，从很大程度上讲具有重要的影响。旅游产业和文化产业的融合发展过程中的互动机制，具体体现在三个方面：一是旅游产业与文化产业相互依存。由于旅游产业和文化产业的不可分割，使其为产业领域的发展注入了新鲜的活力。二是旅游产业与文化产业共生互融主要体现在自身存在着一定的联系。例如，旅游的优势体现在市场，而文化的优势则体现在内涵。通过旅游产业，不但可以增强人们对相关文化的认识和理解，促进文化的发掘和传承，而且可以实现文化资源的保值增值，甚至是创新，为文化的发展提供强大的后劲。没有文化的旅游就没有魅力，而没有旅游的文化就会缺少活力。可见，只有产业融合发展才能为这两大产业的继续增长起到重要影响。三是旅游产业与文化产业互动共进。由于旅游和文化产业的融合发展实现了彼此之间的互动共进原则，因而对市场经济的发展具有重大影响。例如，文化可以通过在一定程度上提高旅游从业人员素质来促进旅游业的可持续发展；而且文化还可以通过辐射效应与渗透效应来提升旅游资源的品味，从而给旅游者带来较高的审美体验。

可见，要有效利用文化对旅游产业优化升级的积极推动作用。然而，旅游同时对文化产业的发展也具有积极的促进作用。这是因为旅游通过引致效应为文化的交流和传播提供了平台，从而实现了文化产业向着市场化和规模化的方向发展。总之，旅游产业和文化产业之间存在着千丝万缕的联系，它们互相依附、彼此生存，只有充分发挥出自身的价值，才能真正为产业的融合发展提供重要的条件。

近年来，随着文化产业和旅游产业的关联性和渗透性越来越强，原本就处于模糊边界的两大产业，逐渐向着产业融合的发展方向演变。傅应明先生说"文旅融合"的实质是文化中的旅游性与旅游中的文化性的统一。所谓"文化中的旅游性"，是将一种文化资源转化为旅游资源的可能性。包含三种情况：一是文化物本身就是旅游景观，可以称之为显在资源；二是文化物通过提炼加工，转化为旅游景观、旅游情境体验、旅游纪念品等，可以称之为潜在资源；三是区域文化形象对区域旅游形象塑造的影响，可以称之为隐性资源。所谓"旅游中的文化性"，是旅游活动全过程中文化融入的独特性、丰富性与合理性。也包含三种情况：一是品质上讲差异，追新逐异是人的本性，也是旅游行为产生的动力源泉，对于旅游而言，能融入其中的文化一定是有差异性、有区分度的，否则就没有意义和价值；二是数量上求丰富，过于单一的文化内容，不可能满足游客文化体验的需求，要力求在游、购、娱、食、住、行等旅游活动的各个环节都全面融入内容；三是安排上要合理，文化内容与旅游景观、文化内容与旅游活动、文化内容与游客心理等相生相容[51]。随着人们的生活日益丰富和社会的不断进步，人们对生活的观念也相应发生了改变，从而较易选择能满足心理和精神层面需求的文化产品。因此，针对这一社会公众消费心理的转变和特点，

[51]　傅应明. 我对"文旅融合"的理解 [EB/OL]. [2017-2-8]. http://blog.sina.com.cn/s/blog_4bf9cc410102wnl6.html.

旅游产品和文化产品相应升级换代。只有实现真正的产业融合，才能使文化在旅游产业中发挥出自身的优势，从而推动着旅游产业向前发展，同时旅游在文化产业的传播和提升方面发挥自身价值，为其提供相应的载体和平台，从而实现彼此的互补共赢。可见，在旅游产业中植入文化产业的文化内涵和创意元素使得旅游业的发展具有一定程度的拓宽，而相应地旅游产业为文化产业的传播和发展不断衍生出新产品和更大的市场空间。

第三章

旅游产业和文化产业融合的必要性

中国旅游虽然已经基本进入大众旅游阶段，但是在旅游中消费者依旧对自然环境存在过分依赖，旅游产业整体还是比较偏向粗放型发展。庄子曰："水之积也不厚，则其负大舟也无力。"如果一个地方的旅游发展没有深厚的历史文化，那么这个地方必然根底浮浅，其旅游产业很难具有持续的发展动力。文化产业与旅游产业之所以能够融合，不仅是因为二者之间存在一定的内在关联，更是因为文化产业与旅游产业能够相互促进、互相推动，从而在市场需求的推动下创造出合意的契合点，使两大产业融合发展。国外对文化产业与旅游产业融合的研究主要是从遗产保护和人类跨文化交流角度进行的。早在 1985 年，世界旅游组织就提出了关于"文化旅游"的狭义定义，即"人们出于文化动机而进行的移动，诸如研究性旅行，表演艺术，文化旅行，参观历史遗迹，研究自然、民俗和艺术、宗教朝圣的旅行，节日和其他文化事件的旅行"。关于旅游产业和文化产业融合的必要性，Richard 和 Raymond（1996）从文化旅游产品的供给和需求角度，讨论了欧洲文化旅游的产品和消费，并指出人们的遗产旅游需求会随着旅游者收入的增加和教育程度的提高而呈上升趋势 [1]。Taloy 等（2006）以加拿大蒙特利尔为例，说明了有着教育和文化功能的博物馆在城市经济发展和旅游发展中发挥着越来越重要的作用 [2]。Ondimu（2002）引导了地区在保护文化遗产的前提下进行旅游规划和开发 [3]。Besculides 等（2002）的

---

[1]　Grey Richard, Crisp Raymond. Creative tourism[J]. ATLAS News, 1996(23).

[2]　Taloy, Calvin. Beyond advocacy: Developing an evidence base for regional creative industry strategies[J]. Cultural Trends, 2006.

[3]　Ondimu R. Successful cultural relics: critical factors for the 1990s[J]. R and D Management, 2002(3).

研究得出了旅游开发促使社区居民对本地文化的保护意识提升的结论[4]。MacDonald（2003）分析了乡村文化在加拿大乡村发展旅游中的重要作用[5]。Aitchison等（2003）认为遗产类旅游资源的原真性是衡量产品质量和游客满意度的决定性因素[6]。余洁（2007）提出在文化产业框架下才能发展和壮大旅游产业，并使两者共同发展[7]。杨娇（2008）指出用创意产业的思维方式和发展模式来整合旅游资源，创新旅游产品，锻造旅游产业链，其依托更多的是文化创意元素，强调的是一个体验、互动、个性、参与、休闲的旅游愉悦过程[8]。梁强等（2009）提出了旅游产业与文化创意产业融合的概念，即用创意产业的思维方式和发展模式来整合旅游资源，创新旅游产品，锻造旅游产业链，其依托更多的是文化创意元素，强调的是一个体验、互动、个性、参与、休闲的旅游愉悦过程[9]。盘晓愚等（2009）等指出只有旅游和文化联姻，形成旅游文化产业，才是旅游产业与文化产业发展的方向[10]。谭颖（2011）指出应将旅游产业与文化产业更好地融合升级为文化旅游产业，以形成一种新型产业发展

[4]　Antonia Besculides, Martha ELee ,Peter JMc Cormick. Residents' perceptions of the cultural benefits of tourism[J].Annals of Tourism Research,2002 (2).

[5]　MacDonald A. The convergence process in heritage tourism [J]. Annals of Tourism Research, 2003(4).

[6]　Chhabra Aitchison,Ton Evans. The cultural relics and a model of sustainable regeneration[J]. Managing Leisure,2003(7).

[7]　余洁 . 文化产业与旅游产业 [J]. 旅游学刊 ,2007(10).

[8]　杨娇 . 旅游产业与文化创意产业融合发展的研究 [D]. 浙江工商大学 ,2008.

[9]　梁强，罗永泰 . 天津市旅游产业与创意产业融合发展的创新思考 [J]. 城市 ,2009(11).

[10]　盘晓愚，刘桔 . 贵州旅游文化产业发展探析 [J]. 贵州民族研究 ,2009(1).

模式[11]。郭小东（2016）指出在社会经济不断发展的基础上，旅游产业和文化产业的融合才能够保证实施地域在社会经济市场中保持一定的竞争力。通过分析宁夏文化旅游与文化产业融合发展的理论基础和实践基础，探讨宁夏文化旅游和文化产业融合发展的措施[12]。

一、宏观视角下旅游和文化融合的必要性

2009 年 9 月，原文化部和国家旅游局联合出台了《关于促进文化与旅游结合发展的指导意见》，确定了文化产业的发展方向和 10 个发展重点，文化旅游产业是其中之一，分属不同领域的两个产业被相提并论。文化旅游产业开始成为了挖掘地方文化、完善旅游产业、促进经济结构调整、引领地方经济腾飞的重要发展方向。继而国家旅游局以"文化旅游、和谐共赢"为主题，推出了 2010 中国文化旅游主题年系列活动，推进文化产业和旅游产业进入了融合发展的快车道。建立《文化旅游节庆活动扶持名录》和《国家文化旅游重点项目名录》。在有效保护的基础上，对历史文化名城、文物古迹进行科学开发利用，合理开发传统手工技艺类和表演类非物质文化遗产。深度开发文化旅游工艺品，提升品位，拓宽市场。指明文化产业作为"国民经济支柱性产业"，与同样作为"战略性支柱产业"的旅游产业在"十二五"时期有了更多的融合发展。文化通过旅游这一载体的外向作用，推进了文化资源向旅游产品的转化，打造出文化旅游精品，通过文化与旅游的深度结合促进了旅游产业转型升级，扩大了中华文化的影响，提高了国家软实力。

[11]　谭颖. 从旅游与文化关系谈旅游文化产业的发展 [J]. 商业时代, 2011(1).

[12]　郭小东. 宁夏文化产业与旅游产业融合发展机制研究 [J]. 科研, 2016(10).

2013 年，国务院办公厅颁布了《国民旅游休闲纲要（2013－2020 年）》，该纲要的贯彻实施将会扩大旅游消费的契机，进一步推动带薪休假制度的落实，而国民可自主支配假期的延长有利于推动有条件的地方制定鼓励国民旅游休闲消费的政策措施，带动旅游休闲基础设施建设，进而提升旅游消费水平。2014 年 2 月，国务院制定下发了《国务院关于推进文化创意和设计服务与相关产业融合发展的若干意见》，就文化旅游产业的发展，明确指出了要促进文化与旅游相结合，以文化提升旅游的内涵质量，以旅游扩大文化的传播和消费的指导意见。2014 年 3 月，文化部颁布的《贯彻落实〈国务院关于推进文化创意及设计服务与相关产业融合发展的若干意见〉的实施意见》指出，要促进文化旅游融合发展，鼓励文化创意和设计服务进入旅游业，提升文化旅游产品开发和服务设计水平，促进发展特色文化旅游，促进发展参与式、体验式等新型业态；鼓励文化创意、演艺、工艺美术与旅游资源整合，开发具有地域特色和民族风情的旅游演艺精品和旅游商品。2014 年 8 月，国务院继续制定下发了《国务院关于促进旅游业改革发展的若干意见》这一新形势下促进旅游转型发展的重要文件，明确提出"推动旅游开发向集约型转变，更加注重资源能源节约和生态环境保护，更加注重文化传承创新，实现可持续发展"；"创新推出更多更富内涵的文化旅游产品，发挥具有地方和民族特色的传统节庆品牌效应，组织开展群众参与性强的文化旅游活动"。这一系列文件的发布实施，标志着国家在顶层设计上明确并遵循了旅游产业和文化产业融合发展的规律，为这两大产业的融合提供了政策指导和支持，更为这两大产业的转型升级乃至整个国民经济产业结构的优化指明了方向。

2017 年 10 月党的十九大报告指出，中国特色社会主义进入新时代，我国社会主要矛盾已经转化为人民日益增长的美好生活需要和不平衡不充分的发展之间的矛盾。

毫无疑问，我国社会主要矛盾转化的依据是经济增长和发展。改革开放至今，我国社会生产力已经实现了巨大发展，生活用品短缺状况已根本改变，不少产品的生产能力进入了世界前列，国内生产总值居于世界第二位。在此基础上，人民温饱问题已经解决，总体上实现小康，不久将全面建成小康社会。人民不仅对物质文化生活提出了更高要求，而且在民主、法治、公平、正义、安全、环境等方面的要求日益增长。而同时，也存在着发展不平衡不充分的问题，难以完全满足人民日益增长的美好生活需要。这就要求我们必须贯彻创新、协调、绿色、开放、共享的发展理念，在继续推动发展的基础上，着力解决好发展不平衡不充分问题，大力提升发展质量和效益，更好满足人民在经济、政治、文化、社会、生态等方面日益增长的需要，更好推动人的全面发展、社会的全面进步[13]。而人民日益增长的美好生活需要显然与精神需求相对应，所以新时期新时代下我国发展的一大特色，也是建设中国特色社会主义的一大任务就是要坚定文化自信，推动社会主义文化繁荣兴盛。为贯彻落实党的十九大精神，根据财政部《关于申报 2018 年度文化产业发展专项资金（重大项目方面）中央本级项目的通知》（财办文〔2017〕50 号）要求，2018 年度文化产业发展专项资金继续重点用于落实党中央、国务院关于推动文化产业发展有关重大政策。其中，主要包括"支持特色文化产业发展"和"促进文化创意和设计服务与相关产业融合发展"两个重大项目。

2018 年 3 月通过的国务院机构改革方案，文化部与国家旅游局合并，不再保留原文化部、国家旅游局，而是将文化部、国家旅游局的职责整合，组建文化和旅游部，作为国务院组成部门。国务院办公厅同期也发布了《关于促进全域旅游发展的指导

---

[13]　谢春涛. 如何认识我国社会主要矛盾的历史性变化 [EB/OL]. [2017-11-4]. http://pinglun. youth. cn/ll/201711/t20171105_10964819. htm.

意见》（以下简称《意见》），这是文化和旅游部成立后国务院出台的第一个关于旅游业发展的重要文件。其指导思想是全面贯彻党的十九大精神，以习近平新时代中国特色社会主义思想为指导，认真落实党中央、国务院决策部署，统筹推进"五位一体"总体布局和协调推进"四个全面"战略布局，牢固树立和贯彻落实新发展理念，加快旅游供给侧结构性改革，着力推动旅游业从门票经济向产业经济转变，从粗放低效方式向精细高效方式转变，从封闭的旅游自循环向开放的"旅游+"转变，从企业单打独享向社会共建共享转变，从景区内部管理向全面依法治理转变，从部门行为向政府统筹推进转变，从单一景点景区建设向综合目的地服务转变。该《意见》出台标志着全域旅游正式上升为国家战略，全域旅游工作将随着文化和旅游体制性障碍的打通获得更大的发展空间。该《意见》设定的"统筹协调，融合发展；因地制宜，绿色发展；改革创新，示范引导"三大原则和"旅游发展全域化、旅游供给品质化、旅游治理规范化、旅游效益最大化"四大目标中，以文化旅游提升旅游产业素质，实现优质发展成为全域旅游重要目标导向。从总体上看，《意见》充分体现了"文化为魂，旅游为体"的融合特征，通过旅游的产业化、市场化手段，丰富文化产品和服务的供给类型和供给方式，培育旅游市场品牌，让更多文化资源、文化产品发挥作用；以文化旅，以文促旅，营造良好的人文环境和旅游消费氛围，推进全域旅游优质发展。

我国已故著名经济学家于光远先生曾指出，"旅游不仅是一种经济生活，而且也是一种文化生活"，"旅游是文化性很强的经济事业，又是经济性很强的文化事业；从旅游资源的角度看，文化事业的发展也具有决定作用"[14]。旅游是新时期下公众提高生活幸福指数的重要途径，也是当今世界最广泛、最大众的交流方式。文化作

---

[14]　于光远. 旅游与文化 [J]. 瞭望, 1986(14).

为一种抽象事物，需要一定的载体予以呈现和展示，旅游则是展示和传播文化的重要媒介。一个景区、一个文物、一个游览点就是一个载体。旅游产业一旦与文化产业相结合，将文化融入旅游，优秀文化就能以旅游为载体进行传播，同时文化也能注入旅游，丰富了旅游的内涵，提升了旅游的品位和核心价值，满足了市场需求主体——旅游者消费的目的，两大产业的发展必定相得益彰，不仅能够匹配生活水平日益提高的民众不断提升的知识层次，更能凭借具有高附加值和广泛的关联度有助于产生新的经济增长点，尤其在新型城市化过程中，城市竞争力是受经济、社会、文化、政治制度等诸多因素综合作用的，其本质上是城市在其所从属的区域内进行资源优化配置的能力，战略目标是促进区域和城市经济的高效运行和持续高速增长[15]。在城市功能不变的基础上，通过对旅游产业与文化产业进行融合，优化资源配置，延长旅游和文化两大产业的产业链，提升文化和旅游两大产业的产业竞争力，推动旅游和文化两大产业的转型优化升级，增加社会经济中新的消费热点，从而刺激经济持续增长的过程实际上是一种提高城市核心竞争力的有效途径。现代城市不再仅仅局限于居住、生活、商业、行政等一些基本的功能，更多的是朝着与外部发生物质、信息、能量交换的方向发展，这必然要求城市功能的多元化，而旅游产业本身就具有这种特质，如果有了文化产业的注入，将更有利于人流、物流、资金流、信息流等通过各种方式汇集于城市，再经过城市的优化组合，产生极大的能量聚集效应[16]，更好地推动城市发展，加速新型城市化的进程，这将有效推动我国经济发展，也必然对弘扬中华文化起到推动作用，将加快实现中华民族伟大复兴的中国梦。

[15]　唐礼智，宁越敏．城市竞争力的概念和指标体系 [J]．现代城市研究，2001(3)．

[16]　朱佳．旅游产业与文化产业融合环境中的政府角色定位分析——以上海市为例 [D]．上海：上海大学，2012．

二、微观视角下旅游和文化融合的必要性

（一）需求引致下的文旅融合

1. 文化旅游产品需求的决定因素

一切商品的需求都源自于商品的消费者，需求反映了一定时期内，消费者在各种可能的价格水平下愿意而且能够购买的商品数量，需求必须同时满足消费者的消费意愿和支付能力。商品的需求不仅受到商品自身价格的影响，还取决于消费者的偏好、消费者的收入、替代品或互补品的价格变动、政府的政策、对价格的预期、人口的分布及构成以及其他不确定因素等等。文化与旅游作为商品时，都能满足人民群众日益增长的美好生活需要，都能更好地促进人的全面发展，但也都取决于经济基础。在 2010 博鳌国际旅游论坛上，时任文化部部长蔡武指出：从某种意义上讲，旅游在很大程度上是一种文化活动，是一种文化消费，是一种文化鉴赏。尽管旅游形式多种多样，旅游内容丰富多彩，但主要体现为旅游者在旅游活动中品味文化内涵，感受文化魅力 [17]。显然，文化旅游商品的需求源自于文化旅游市场中的旅游者，文化旅游商品的价格、旅游者的动机、旅游者对文化旅游商品的偏好、旅游者的收入水平、与文化旅游产品相关商品的价格变动、旅游者对文化旅游商品价格的预期等因素都会影响文化旅游商品的需求。

2. 基于社会发展的文化旅游产品需求

目前，我国旅游产业的发展态势良好，已经形成了一定的规模效应，是亚洲最

---

[17] 陈柳钦. 文化与旅游融合：产业提升的新模式 [EB/OL]. [2011-6-12]. http://www.chinacity.org.cn/cstj/zjwz/72102.html.

大的入境旅游接待国，拥有世界上最大的国内旅游市场[18]。传统观念将旅游资源定性为拥有自然风光的名山大川和拥有悠久历史的名胜古迹，随着经济社会的发展，作为旅游市场主体的现实和潜在的消费者——旅游者收入水平的快速上升，激发了生活方式的变化，旅游者对于旅游资源的认知逐渐改变并突破了狭隘的旅游资源观念的影响和束缚，转变为了无论是诸如经济和科技发展成就的经济事物、社会发展成就的社会事物还是有重大影响的体育或文化盛事、以主题公园为代表的现代人造旅游景点的文化事物，只要"能够对旅游者产生吸引力环境的各种客观事物都可以成为旅游资源"[19]，尤其是越来越多的旅游者提出了独特的差异化体验和综合性的服务，个性化需求越来越显著。著名的心理学家马斯洛把人的需要分为生理需要、安全需要、社交需要、尊重需要和自我实现需要五个基本层次。生存需要和生理需要是人类最原始、最基本的需要，但人们不可能为了满足这些需要而产生外出旅游的动机，安全需要和社交需要的满足也不可能通过旅游这种方式来实现。旅游的动机与人的高层次需要有关，即与享受需要、发展需要、尊重需要和自我实现需要有关。"人不仅为生存而斗争，而且为享受，为增加自己的享受而斗争"[20]。1980年世界旅游组织通过的《马尼拉世界旅游宣言》指出："旅游是人的基本权利，旅游是人类实现自我精神解放的重要途径。"这些观念的形成及变化引致了旅游者对商品偏好的改变，而建立在差异基础上的文化旅游商品是对传统旅游产业边界的一次突破，是对传统旅游商品的一次创新和飞越。对于旅游者来说，旅游的过程实际是体验文

[18]　李敦瑞，张先锋，王代敬．我国旅游业市场环境与产业运行条件分析[J]．科学经济社会，2004(3)．

[19]　李天元．旅游学概论[M]．天津：南开大学出版社，2009．

[20]　沈祖祥．旅游文化概论[M]．福州：福建人民出版社，1999．

化、寻找文化差异的过程。如果在旅游过程中随时可以触摸文化脉搏、感知文化神韵、汲取文化营养的话，会比纯粹观光风景得到更丰富的精神享受，更易满足旅游者求新求异的需求，这在客观上促进了文化产业与旅游产业的融合发展。

（二）供给引致下的文旅融合

1. 文化旅游产品供给的决定因素

一切商品的供给都源自于商品的生产者，供给反映了一定时期内，生产者在各种可能的价格水平下愿意而且能够提供的商品数量，供给必须同时满足生产者的提供意愿和提供能力。商品的供给不仅受到商品自身价格的影响，还取决于生产者的成本、生产资源禀赋情况、生产技术水平、政府的政策、消费者对价格的预期、生产者的数量以及不确定因素等等。所以，文化旅游市场中文化旅游商品的供给就取决于多种因素，比如文化资源丰富的区域是否有相应配套的旅游休闲基础设施供现实或潜在的旅游者使用，旅游休闲基础设施配套完善的区域是否有优秀合意的文化资源可供现实或潜在的旅游者消费，向市场推荐文化旅游商品的成本边际量是否增加太多，国家政策是否鼓励文化旅游商品的投资生产，等等。

2. 文化产品供给旅游化和旅游产品供给文化化

旅游市场中的生产者即使有提供意愿也有提供能力，并不意味着就能销售出去所有产出品；而旅游市场中的消费者即使有消费意愿也有消费能力，也同样并不意味着就能得到任何商品。市场上任何商品的交易都需要同时取决于市场的需求和供给。所以旅游市场中旅游者能得到什么商品，跟旅游市场的旅游企业能提供什么商品紧密相关。如前所述，社会文明的迈进会促使国民产生更多的对于精神方面具备休闲娱乐功能的商品的追求，与此同时，社会文明的迈进也会要求旅游市场上旅游企业提供的商品应该注重对资源和环境的友好，也就是说，无论是文化产业，还是旅游产业的发展，都不能走以传统工农业经济发展的资源消耗型和环境污染型的老路，而必须树立起积极的文化资源利用观、保护观，使资源环境在"合理利用中得到保护，在有效保护中利用"，必须符合经济的可持续发展原则，让文化产业和旅游产业均肩负起文化责任、文化使命以及经济发展的重任，也要承担起构建和谐文化和实现和谐文化、构建和谐社会和实现和谐社会的伟大使命。这就必然需要旅游产业应该坚持旅游产品设计和生产以及消费遵循低碳经济原则，而旅游产业低碳模式的实现应该充分利用以非物质形态的文化尤其是凝结着历代人民智慧的文化遗产为必备的生产要素。这两个"应该"付诸于实践必然促进了文化产业与旅游产业的融合发展，体现了低碳模式下文化产品供给旅游化和旅游产品供给文化化的趋势。其中，文化产品供给旅游化就是以旅游为媒介来发掘文化的价值，以旅游产品和服务的形式来凝聚文化，并以消费的形式来传播文化的过程。旅游产品供给文化化就是以文化为内涵来提升旅游的品位，以文化产品来丰富旅游的内容，这样有利于旅游产品营造独特性和差异性，迎合更多样的市场需求。文化产品供给旅游化和旅游产品供给文化化的过程不仅有利于先进文化的传播，而且为大众生活提供了丰富多彩的旅游文化产品和服务，增强了旅游和文化的造血功能，也增强了旅游和文化的自我发展能力。

根据联合国教科文组织的《保护非物质文化遗产公约》中的定义，非物质文化遗产是指被各群体、团体、个人视为其文化遗产的各种实践、表演、表现形式、知识体系和技能及其有关的工具、实物、工艺品和文化场所。公约所定义的"非物质文化遗产"包括口头传统和表现形式、表演艺术、社会实践和仪式及节庆活动、有关自然界和宇宙的知识和实践、传统手工艺。《中华人民共和国非物质文化遗产法》中非物质文化遗产是指各族人民世代相传并视为其文化遗产组成部分的各种传统文化表现形式，以及与传统文化表现形式相关的实物和场所，包括传统口头文学以及作为其载体的语言；传统美术、书法、音乐、舞蹈、戏剧、曲艺和杂技；传统技艺、医药和历法；传统礼仪、节庆等民俗；传统体育和游艺；其他非物质文化遗产。属于非物质文化遗产组成部分的实物和场所，凡属文物的，适用《中华人民共和国文物保护法》的有关规定[21]。由此可见，非物质文化遗产强调的是以人为核心的技艺、经验、精神，其具有非物质的属性，即一种不依赖于物质形态而存在的品质，其本质上是以人为本的活态文化遗产。

非物质文化遗产是民族文化传承的重要记忆，是民族文化基因所在，是吸引游客的重要因素，地域特色越明显、民族风情越浓郁就越会受到旅游者的欢迎和追捧。正是因为有了非物质文化的内涵，旅游才更有意义。非物质文化遗产对旅游的推动作用，早已经被旅游业者所发现，并运用到旅游业的发展中去，进而提升旅游产品的层次。在非物质文化遗产集中区域里，尤其是以民间文化为主要依托的少数民族地区，环境的发展、条件的变迁、传承人的意识等都对非物质文化遗产的保护与传承构成了严重的威胁。尽管构建生态文化保护区对非物质文化遗产的保护功不可没，但通过旅游的形式展现非物质文化遗产的内容可以通过开放的方式来保护非物质文化遗产。黄山市的西递和宏村是安徽南部最具有代表性的两座古村落，它们以世外桃源般的田园风光、保存完好的村落形态、工艺精湛的徽派建筑和丰富多彩的历史

[21]　非物质文化遗产 [EB/OL]. https://baike.baidu.com/item/%E9%9D%9E%E7%89%A9%E8%B4%A8%E6%96%87%E5%8C%96%E9%81%97%E4%BA%A7/271489?fr=aladdin.

文化内涵而闻名天下。再如荣膺国家文化旅游重点项目名录（旅游演出类）荣誉称号的黄山市标志性旅游演出——大型多媒体现代歌舞《徽韵》，就是为了让每一位来到黄山的游客都能更好更全面地了解黄山，认识徽州，表演配套以国际先进的高8米、长22米、面积176平方米的高清晰全彩LED，由五组能多方位立体移动的升降台和多个表演区、世界先进的5.1声道环绕立体音箱、魔幻灯阵、雨帘系统、雾升系统、进口的激光灯、移动的立体景架、大型实景瀑布台以及水中升降月亮等等顶尖高科技舞台技术装备组成的剧场舞台，上演的一场根据徽州民歌、徽剧而编排的舞台表演和实景演出，成功成为了旅游者到黄山不可不看、不可不品尝的饕餮大餐！《徽韵》既包含了四季变化的奇美黄山、董永七仙女的美丽爱情传说，又有解读历经风风雨雨、造就了"徽商"雄霸中国商界将近400年的历史原因，更有反映国粹"京剧"是由"徽班进京"演变而来的真实史料故事。全剧共分五幕，每一幕相对独立，又互相关联。通过史诗般的场景，以音乐、舞蹈、杂技、现代徽剧、京剧、花鼓灯、民歌联唱、欢歌载舞等多种表现手段，奉献给观众一出多姿多彩、美轮美奂的旅游文化产品，形成了良好的口碑和市场效益。但2014年万达集团与弗兰克·德贡娱乐集团合作在武汉大手笔投资了26亿元推出的舞台节目"汉秀"，虽然号称打造的是世界顶级舞台秀，可结果却因为没有独特的地域和传统文化的支撑，纵使舞美效果再绚丽，也无法拯救表演内容的空洞，所以并不能打动观众，所谓的"大制作"成为"大包袱"。这也再度印证了，旅游者需要通过进行一系列有内涵的与非物质文化遗产相关的旅游体验，才容易产生浓厚的兴趣，才能更主动深入去理解当地的文化，美好的体验也才能伴随长久。

3. 徽州水口实例

发展旅游业，资源是基础，吸引力是关键。有吸引力的旅游资源常常是特定地域的旅游资源，旅游资源的地域性特征一方面是一种地理意义上的限制，但也正是这种限制营造了旅游资源的独特性、艺术性、民族性和区位性。比如徽州地区的"水口文化"。20世纪50年代以来，徽州独特的地域建筑文化得到了不少关注，比如古祠堂、古民居、古亭、古桥等等，20世纪80年代，徽派建筑作为旅游资源进入大众视野，旅游者开始为这些地域建筑所蕴含的文化内涵所吸引，但"水口文化"为世人所知还不够深刻。

（1）水口的起源

徽州的历史最早可以追溯到汉代，但土地的充分利用则是在东晋和南北朝时期，此时中原人士为躲避战乱迁入徽州地区，农业生产水平才逐步提高。但由于地少人多，《安徽通志》记述："歙县地狭人稠，力耕所作，不足以供。"徽州自从东晋开始，历代就有很多人远涉异乡，从事商业贸易活动，足迹遍布全国。到了唐代，徽州商业日趋活跃。徽州历史上基本与世隔绝的经济地理状况，使之形成了累世义居的家族生活方式，清人赵吉士说："新安各姓聚族而居，绝无一杂姓搀入者，其风最为近古。"而明清时期，全国十大商帮，徽商居首。尤其在明成化年间，朝廷改变盐法，徽商飞腾于中国商界，达到鼎盛时期，商人众多，资本雄厚，有不少地方的经济命脉几乎为徽商所控制，故有"无徽不商"和"无徽不成镇"之说。

富甲一方的徽商荣归故里，受封建宗族思想与乡土观念的影响，外出经商的巨富在家乡不惜耗费大量精力、财力进行公共事业建设，包括书院、祠堂、牌坊，修建豪宅祠堂，兴修水利，办学育人。徽州"一府六县"，徽州人在其生活的自然环境中，创造出一系列社会文明成果，表现在城镇规划、村落布局、徽派建筑、村落水口、理学画派、雕刻篆刻、戏曲方言等生产生活方式和社会习俗上。

徽州古村落在其营建和发展中，为了实现人与自然的和谐统一、生态与平衡，十分注重景观的设计布局与人之间关系鲜明的"吉凶祸福"的意念。《歙县志》载："商人致富后即回家修祠堂，建园第，重楼宏丽。"但受地少人多、村庄拥挤等条件的限制，虽然徽州地区豪门众多，但是难以家家户户兴建私家园林，从而也就促使村民共同捐资在村头的水口处兴建园林，推动了"水口"的发展。徽州水口的建设就是在这样的经济背景和社会背景下得以发展和繁荣的。

水口为村落空间布置的序曲，更是景观设计中的重要环节，当之无愧成为了徽州古村落的"门户"和"灵魂"。所以，徽州古村落水口景观体现了徽州民俗文化，与建筑一样，已经成为珍贵的物质和精神财富。徽州古村落水口景观有着与众不同的成因，水口生态环境与文化意涵研究对于水口园林的研究，显然是建筑、文化、历史、社会等多角度研究不可忽视的焦点。传承并延续徽州水口的规划布局和保护利用，对丰富和完善中国古典园林体系有极其重要的意义。1987年程极悦先生在《建筑学报》上发表了《徽商和水口园林》一文，首次提出了"徽州水口"的概念，文中详细介绍了徽州水口园林产生的历史人文背景，并结合实例讨论水口园林的营建情况，此时的徽州水口还是以水口园林的形式提出的。自此，关于徽州水口的各种研究渐渐浮出水面。近年来，由于社会各界对文化遗产的重视，各地相继制订古村落保护规划，对古村落开始着手保护工作，水口作为古村落必不可少的部分也纳入其中，保护整治工作日渐起色。2008年6月中央电视台在我国第三个世界文化遗产日专题节目中播出徽州水口，2010年，由安徽省文化厅申报的"徽州文化生态保护实验区建设工程"项目入选2010年十大"国家文化创新工程"，其中就包含了水口文化。陆续的努力让更多的目光集聚到徽州古村落水口景观之上。

《桃花源记》中"忽逢桃花林，夹岸数百步，中无杂树，芳草鲜美，落英缤纷，渔人甚异之。复前行，欲穷其林"的描写，正是一种对理想水口的真实写照。而在许多明清时期的绘画中，如元四家倪云林的《渔庄秋霁图》、清四僧弘仁的《练江晓风图》以及徽州古版画《渔歌图》等，我们也可以经常看到水口的身影。

"水口"一词自古以来就有多种解释。第一种解释是水流的出入口或其近旁。在《尔雅·释水》中提到"滇，大出尾下"。两晋郭璞注曰："河东汾阴县有水口，如车轮许，消沸涌，其深无限，名之为滇。"《三国志·吴志·吕蒙传》中说道："后从权拒曹公于濡须，数进奇计，又劝权夹水口立坞，所以备御甚精，曹公不能下而退。"《说岳全传》第四十九回中也有"韩世忠元帅带领水军十万，大小战船，已在水口扎成水寨。"水口的第二种解释是水上的关口要塞。在《晋书·景帝纪》中有"五年夏五月，吴太傅诸葛恪围新城，朝议虑其分兵寇淮泗，欲戍诸水口。"水口的第三种解释是衣袖。《二刻拍案惊奇》卷二八中有："从来好事多磨，程朝奉意气洋洋走出街来，只见一般儿朝奉姓汪的，拉着他水口去看甚么新来的表子王大舍，一把拉了就走"[22]。

（2）水口与风水文化

古村落中的"水口"是水流的出口，起源于风水学中的专用词，在很多风水著作中都有提及。风水又称堪舆，是中国古代一种有关住宅、村镇及城市等居住环境的基址选择和规划设计的环境设计理论和初级的环境科学。风水产生于以农业经济为基础的社会中，是人们渴望把自身和谐统一于自然而采取的一种自我完善手段，其理论的核心内容是人们对居住生活环境的选择和改善，对理想人居环境的追求。在商代就有"卜宅"活动的记载，周朝时，风水术大为发展，汉代有了正式记载，

---

[22]　王陈辉．古村落"水口"生态环境与文化意涵研究 [D]．苏州：苏州大学，2010.

成熟于唐宋元，明清时日臻完善，在中国古代建筑史中扮演过重要的角色。实质上风水就是现代地质学、气象学、水文学、建筑学等学科中某些内容的综合，是古代具有朴素科学原理的环境工程经验的体现。在古代村落规划、建筑营造等方面，风水一直担当着重要的指导作用，可以说我国古代建筑的发展离不开风水。

风水中最具魅力的部分是水口的理论与营建。水口理论在唐宋时期开始流行，到了明代已经十分盛行，其影响在徽州最为显著。何晓昕在《风水探源》中指出"入山首观水口"，其中具体谈到了水口的选址、范围和营建等问题[23]，徽州人在建村选址时就尤其重视水口。可以说水口理论是徽州传统村落规划建设的重要指导思想，通过风水吉凶观表达出的水口空间序列，也普遍存在于徽州古村落中。程极悦先生在《徽州水口》一文中阐述了徽州水口与风水学的关系以及徽州水口独特的价值所在，是关于徽州水口较为具体和权威的研究成果。

徽州横跨天目山、黄山、白际山等山脉，其间多山地、丘陵，素有"七山一水一分田"之称，其地理环境与风水学上"负阴抱阳，背山面水"的宅、村、城镇基址选择的基本原则和基本格局无形契合。清康熙《休宁县志》中有"徽州介万山之中"，故徽州古村落村址的选择多由风水师通过"觅龙、察砂、观水、点穴"等一系列步骤来进行，由此，徽州古村落大多是"枕山、环水、面屏"的环境模式，形成依山偎水、背山面水或枕山环水的村落空间格局。水口就是这种村落空间的入口，是一村之水流的出口。缪希雍在《葬经翼》中明确了"水口者，一方众水所总出处也。"在风水中，水是关系到气的一大要素，正如《阴阳二宅全书》中指出的，"身之血以气而行，山水之气以水而运"，水是财源和吉利的象征，是全村的命脉，对村落的盛衰与安危起精神主宰的作用。因此在水口处应收藏闭锁，关锁气脉，聚水聚财，

[23]　何晓昕. 风水探源 [M]. 南京：东南大学出版社, 1990.

使村落繁荣兴旺发达。

受风水观念的影响，水口的营建最重要的是水口的选址，徽州水口的位置都是依山脉走向而定，多选在两山夹峙、溪水环绕之处。此两山即风水"喝形"中所称的"狮山、象山或龟山、蛇山"，这样形成狮象或龟蛇把守之势，满足村落防御心理。如在何晓昕《风水探源》中黄田村为"近两山环拱，成狮象形，堪舆家谓守门户"。同时，水口的位置也是预测村落发展的直观依据。水口所谓的人气财气的地理容量，即整个村落今后发展的环境容量。水口所收范围，在建村开始就应该考虑，水口距离村落的距离正是体现了这一点。《入地眼图说》中的风水理论认为水口距离村落的距离可近村或数十里不等，"自一里至六、七十里或二、三十余里，而山和水有情，朝拱在内，必结大地。若收十余里者，亦为大地；收五、六里七、八里者，为中地；若收一、二里者，不过一山一水人财地耳"。徽州水口多在离村数里处，水口与村落的选址，反映出村落的"地气"，"地气"越大，则村落发展的前景越广阔。

选好水口的位置，在水口处还必须架桥造塔、筑亭建祠、挖塘植树，增加锁钥之势，彻底扼住关口。休宁县《黄氏重修族谱》中描述古林水口："……东流出水口桥，建亭其上，以扼其冲，而下注方塘，以入大溪为村中一大水口。桥之东有长堤，绵亘里许，上有古松树十株。"桥横跨水流之上，颇有锁钥之势，是水口处最主要的关锁，同时，人在桥梁狭小的空间上，与周围形成对比，并可以进退自如，有强烈的安全感。在水口处栽植的树林即风水林，又叫水口林。古人认为"惟其草木繁，则生气旺盛，护荫地脉，期为富贵"，所以，在村民看来，茂盛的树林对村落的地脉、吉凶有庇护作用。如《狮麓齐氏族谱·卷一》载："保龙脉，来龙为一村之命脉，不能伐山木"。现徽州保存完好的水口林有休宁龙湾村水口林、休宁古林村水口林、歙县黄备村水口林等。在水口处挖塘聚水即"聚财"，即《阳宅会心集》中所谓的

"开塘说"——"塘之蓄水,是以荫地脉,养真气"。此外,在较高人文层次的村落,还建楼阁祠堂以增崇。如《岩镇志草》载有"《青乌经》言水口宜山川融结,峙流不绝。凤山虽为门户,不能回抱,恐其山走水直,遂成腾漏。建此塔以树颓流砥柱,所谓障空补缺,不啻天造地设者也。"此处的塔即岩寺镇水口的神皋塔。此类高大建筑建于水口,除了出自一种象征意味的目的,也是为了弥补自然环境的空缺,平衡构图,使景观趋于均衡与稳定。

在风水观念的影响下,水口不仅具有本身的村落入口的功能,更重要的是整个村落兴衰与安危的象征。村民耗费精力财力建设水口,正是希望通过水口聚村落之人气财气,使村落长久不衰,兴旺发展。最典型的莫过于绩溪县冯村的"天门""地户"之设。据《冯村冯氏族谱》载:"设村自元代开族以来隅隐庐豹隐,尚未能大而光也。后世本堪舆之说,因地制宜,辟其墙围于安仁桥之上,象应天门,筑其台榭于理仁桥之下,象应地户。非徒以便犁园,实为六厅关键之防也。所以天门开,地户闭,上通好国之德,下是泄漏之机。其物卓而丁繁者,一时称极盛焉。"这里的"天门""地户"之设界定了整个村落的外部区域,关锁住一村的气脉,表达出村落发展的吉凶观。

(3)水口与园林文化

古村落中的"水口"既包括水口本身特指的意义,即古亭古道相依、丛林婆娑、古风悠悠的水流出口,也包括水口与村落之间的环境关系,强化了水口的建筑意义,因而也可以称之为水口环境,或者"水口园林"[24]。我国园林在中国古典园林理论中通常被分为三种形式,即皇家园林、私家园林和寺院园林。而古村落的水口以及由水口衍生的"水口园林",也是一种古典园林形式,它是我国最早的开放式公园

---

[24] 刘阳.徽州传统村落水口空间的现代解读 [J].安徽农业大学学报,2007(6).

雏形。良好的水口环境为村民提供了公共活动空间。水口视线开阔，无垣无篱，空间通透，与自然浑然一体，向村民或游人敞开。可以这么说，徽州水口是我国园林的又一种形式，开创了园林的公共性质。说它是乡村公共开放空间，甚至在天人和谐的层面上超出，也丝毫不为过。

由于徽州独特的经济社会背景，各村落均重视村落理景，而水口作为村落的门户，是外部空间的重要标志，所以往往是整个村落的最美处，是村落景观的精华所在，其组成要素有自然要素和人工要素两部分（表3.1）。

表 3.1 部分徽州村落水口景观组成要素

村落	自然要素	人工要素
宏村	雷岗山 吉河 南湖	南湖书屋 清余味书屋
西递	梅峰 西溪	环抱桥 关圣殿 钟亭 鼓亭
南屏	南屏山 西武河 万松林	万松桥 雷祖殿 观音阁
呈坎	潀川河 灵金山 葛山	隆兴桥 都天庙 女贞观 旷如亭
唐模	檀干园 水口林	蜈蚣桥 沙堤亭 同胞翰林坊
龙川	龙须山 登源河 龙川河	胡氏宗祠
灵山	灵金山 丰山 丰溪	天尊阁 灵阳桥

其中，自然要素是徽州古村落水口最重要的前提要素。水口处总是山环水绕，树木茂盛，风景秀丽。徽州地区多山地丘陵，古村落大多坐落在这些山地丘陵间的平坦地带。受风水学的影响，村落"水口"一般都选择在两座案山夹峙之间，此案山我们称其为"水口砂"，两山夹峙又称"狮象把门"或"龟蛇守护"，可见山是水口处十分重要的元素。除了山要素外，徽州地区的古村落都是临水而居，溪流从村中经过，村民充分利用水来为村落服务。风水术认为，水象征着财，是村落的灵魂和财富的源泉，为了聚财、保财，水流出村口的时候不能过于顺畅，而要"去水有情"，所以村落水口必建在溪流出村的地方，以表现村落选址之初"水口乃地之门户"、

扼住水口"藏风聚气"的风水理念[25]。风水理论还认为，"村庄林茂，烟雾团结，吉气所钟，林木尽伐，风吹气散，未有不败"[26]。所以水口内部以及周边经常出现林地，也称"水口林"。《雪心赋》说："水口关栏不重叠而易成易败。"水口处除山脉如犬牙相错，群鹤相攒，重更迂回数十里之外，形成水口关栏的另一个重要方法是种植树木涵养水源。

人工要素是水口处必要的补充，如亭榭、书院、祠庙等。从内容上看，人工要素又可分为五类。一是神祇与宗教崇拜的相关设施，如寺观、宗祠、古树等。绩溪龙川水口中有"江南第一祠"之称的胡氏宗祠，坐北朝南，三进七开间，颇有藏龙卧虎气概。黟县南屏水口建有水口庙。二是文化教育设施，如书院、文昌阁等建筑。歙县雄村水口的竹山书院，内有高耸俊秀的凌云阁。黟县南屏水口万松林中原有南屏书屋。三是娱乐设施，如戏台、广场等。徽州水口是"父老兄弟出作入息，咸会于斯"的公共绿地，村民公共娱乐活动也多于此进行。四是表彰设施，如牌坊等。歙县唐模水口有"同胞翰林"坊，棠樾西畴水口的牌坊群则更为壮观。五是实用性设施，如桥梁、路亭、廊桥等。此类设施在徽州多数水口都可见到，如南屏的万松桥和万松亭、歙县许村水口的高阳桥、唐模水口的沙堤亭等。上述这些水口理景的构成要素，虽非村村都有，但村民在水口处都倾注了大量的人力和财力，使得水口成为全村的活动中心，形成了村中"风景这边独好"的地段。

明代造园家计成在《园冶》中说道："郊野择地，依乎平冈曲坞，叠陇乔林，水浚通源，桥横跨水，去城不数里，而往来可以任意，若为快也"。徽州水口的营建暗合此说。《尚书方氏族谱》中认为徽州自古"阡陌纵横，山川灵秀，前有山峰

---

[25] 王陈辉. 古村落"水口"生态环境与文化意涵研究 [D]. 苏州：苏州大学,2010.

[26] 陈琪. 徽州村落水口林浅析 [J]. 徽州社会科学,2000(3).

耸然而特立，后有幽谷窈然而深藏，左右河水回环，绿树阴翳"。

风水认为水即财富之气，为了留住财气，在选中的水口位置上，最常见的是以桥为主作"关锁"，辅以亭、堤、塘、树等镇物。如休宁古林："……东流出水口桥，建亭其上，以扼要冲，而下注方塘，以入大溪为村中一大水口，桥之东有长堤，绵亘里许，上有古松树十株。"其实，撇开风水的吉凶观，单从建筑学角度看，桥在组织村落的外部入口序列的路线和景观上，都起着良好的作用。对此，诺伯格·斯卡尔兹也认为："需要对方向做一个选择的时候，而'桥'就是一个有特殊意义的路径。因为它将两个范域连在一起，并还拥有两个方向，所以常处于动态平衡的强烈感觉之中。……桥梁使得人之占有河流空间成为可能，在这里他同时感觉到外部及内部自由，且被保护在属于同一整体中的两个范域内来回移动。"

秀丽的自然环境为水口的营建提供了丰厚的自然景观基础，水口处往往都是水曲山夹，峰回路转，人们利用当地优美的自然环境，栽植树林，保持天趣，并因地制宜地适当建造石桥、亭榭、庙宇、书院等，将水口的营建极其自然地融合在周围山水之中，"自成天然之趣，不烦人事之工"，这样的景观营建，使人得到一种反璞归真的田园诗画般的美感。

歙县雄村水口的营建就是以秀美的桃花坝景观为自然基础，"雄村者，钟秀气于新安，托奥踪于古歙。山回水抱，物外灵区……中无杂树，万树一色……好竹如烟，香送连山之笋；垂杨入画，絮飞满路之花"。许承尧在《游雄村看桃花记》中描述的正是雄村水口得天独厚的秀丽自然景色。沈归愚在《竹山书院记》中则认为，水口的营建应为"缘溪之曲，筑平堤，艺佳树，苍翠无际，隐隐为画图"，并建有"崇功报德祠"、"武帝行宫"、"雄村上社"以及方胜亭等建筑，可以说是徽州水口自然结合人工营建方法的典型。

（4）徽州水口的基本功能和旅游功能

徽州水口多位于离村落数里处的村口，是村落外部空间的重要标志，起到村落"门户"的作用，界定着村落的内外空间。村民在此广植树木，点缀亭榭楼阁等人工构筑物，加之此处溪流蜿蜒、田陌纵横、风景极佳，是全村最美的地方，人人可以享有公共花园——"水口"，这里为村民提供了公共活动场所，类似于现代城镇中的开放绿地，可以说是一个融自然景观与人文景观于一体的、层次丰富、独具特色的区域。故清人方西畴《新安竹枝词》中云："故家乔木识梗楠，水口浓郁写蔚蓝。更著红亭供眺听，行人错认百花潭。"如今，古村落中的水口既成为了村民休闲的主要场所，更可作为外来观光的景点之一，满足旅游的人流集散和交通组织。这是水口在空间组织、地域文化、建设管理三个方面表现出来的公共性特征。

首先，从空间组织方面来说，以水体作为脉络组织公共空间是徽州古村落水口园林空间组织的主流思想。如被誉为"中国画里乡村"的宏村，入口处以开敞的湖面空间作为水口园林的主体，湖面被入村的桥堤分隔成大小不等、形状不一的两部分，湖水明净清澈，诸峰倒影，水天一色，绿荫成片。湖南田陌纵横，湖北楼舍高低错落，立面虚实相间，色彩素雅，与湖中倒影上下辉映。巷道狭长，穿堂绕屋、九曲十弯的人工水圳伴道而行，几经转折，至"月沼"——半开敞的水广场空间，则已置身村中了。整个空间序列的生成，开与闭，放与收，起承转合，主从分明，富有节奏韵律。

其次，从地域文化方面来说，空间被赋予地域文化的内涵后才能成为富有意蕴的场所。因地制宜地利用当地自然条件进行营建最能表达内涵。将徽州的山水、田地、村落纳入其中，再融入村民生产、生活活动，一个山水家园真实再现。另外，徽州素来文风淳朴，耕读相伴。水口往往是文人结诗社、举文会的佳地，因此常建有供书生学习、文人集会的公共建筑，如文昌阁、书院等。建筑尺度适宜，造型优美，选材质朴而又装饰精美。匾额、楹联常常留下文人墨客的手迹，既写美景，又耐人寻味。

再次，从建设管理方面来说，徽州古村落水口有由私人出资，也有村民集资修建，还有皇上"恩荣"建造的牌坊、牌楼。正因为建设投资的多元化，赋予了它在管理上的公众性。徽俗醇美，乡情尤浓，村民大多自觉维护："宁可走万步，不砍雷岗树"；对入村的溪水，不抛杂物，洗用分离。除了自觉意识，不少乡规族约中还明确规定对水口树木的保护："不可伐山木"，更有甚者，休宁溪口乡规严厉到"凡上封山砍伐者砍首示众"。这些约定成俗和硬性规定对管理和保护水口园林也起到了重要作用。

源于风水学的水口理论强调自然界与人的生命融为一体，是徽州古村落水口营建的一个重要控制力量，水口营建反映出人们追求人与自然、身体与精神成为一个和谐统一的有机整体的强烈愿望。同时水口是徽州古村落结构的重要构成要素，是村落外部空间的重要标志，也是村落内涵的灵魂，制约着整个村落的"吉凶祸福"。程极悦先生在《徽州水口》中指出，如果从现代建筑学、环境艺术学等专业角度看，水口理论和营建，在村落内外空间的层次过渡及领域区分方面处理相当成功，达到了很好的实用和艺术效果，有效地改善了村落的环境和景观，形成了"绿树村边合，青山郭外斜""全村同在画中居"的村落总体环境特征。基于徽州水口的公共性特征，徽州水口具备了除生产交通和防卫保护的基本功能，更可以为社会公众提供重要的文化社交和观赏游览的旅游功能。水口景观的功能类型并非单独或独立存在的，它往往是多功能类型的综合，是集文化、社交、游览、生产、交通、防御于一身的，是徽州古村落景观最具特色的表现之一。

第一，水口的基本功能。

从对生产交通的促进方面来说，很多徽州村落在水口营建中，比如歙县的雄村水口、昌溪水口充分利用山区溪流落差大的特点，通过在水口处拦水筑坝，以水口水位的提高实现对水口水量的控制。在坝口形成有落差的瀑布后，落差水流产生的能源多为村落利用来建油车、水碓，避免因缺水对村落的生产和发展造成阻碍，在古村落人们的生产、生活中发挥了重要作用。《双溪李氏族谱》中记载，"水碓在流口向阳桥右侧，白果树下"。 这种水口一方面可以防止在干旱季节水量不足，设坝储水，改造水路，扩大灌溉面积，保护了农业生产和人民生活。有诗赞曰："断水何劳掘地成，归流机巧周雷廷，玉粒每看云里捣，寒声偏于月中听。"映射出古村落农民巧妙利用水口进行农事灌溉的活动。另一方面，由落差产生的瀑布，潺潺流水，也形成了美丽的田园风景[27]。再如浙江金华武义县的俞源村是一个相当成熟又独具魅力的古村落，村内寺庙宗祠、古林、小桥流水，特别值得一提的是其水口。俞源村通过对水口处水系的改造，扩大水流在村中流经的区域，达到灌溉农田的效果。该村落四面环山，三面峻岭，北面是弯曲的峡谷，一条溪流穿村后，入水口区域呈"S"形北去。这条"S"形的溪流是人工改造而成的巨型八卦太极图，直径为320米，其内有约120亩农田[28]。还有些水口基于特殊的地理环境，其自身逐渐由水口演变成村落，再形成以商业经营为主的水码头，如休宁县水口万安镇就是非常具有代表性的例子。

从对防卫保护的促进方面来说，水口作为村落整体格局的"门户"，在营造过程中也考虑到它的防卫作用。这种防卫的目的其一是自然，即在村落入口处，通过

[27]　王陈辉．古村落"水口"生态环境与文化意涵研究[D]．苏州：苏州大学，2010.
[28]　陈华文．区域特征："风水"背后的生态认知——以浙江省武义县部分村"水口树"文化为例[C]// 理论与存在——民俗、民间文化与保护开发全国学术研讨会论文集．

借助自然的山体水面、人工种植树木等方法，建设起天然的屏障，夏季遮阴纳凉赢取水面凉爽湿气，冬季阻挡山风、寒流，使得村落内形成一个良好的小气候环境。

其二是战乱。徽州古村落居民大都为中原地区豪门为躲避战乱而迁入，因此十分重视村落的防卫。他们多选险要易守之地，"屯聚为坞壁"。村落四周有山环围，山口狭小，以此作为天然屏障，自然成了防卫的最佳之地。徽州《仁里明经胡氏宗谱》云："水口两山对峙，涧水环匝村境。"理想的水口应是"狮象蹲踞，回互于水上或隔水山来缠裹"。据祁门《善和程氏宗谱卷一村落景致·志境》记载："善和乡居江南万山间"，"其为乡也，隔离喧市，弗介通衢，皆山迂岭道"，"山成四塞之险，环乡皆山若堂密也"。典型实例有祁门县的奇岭村，该村是祁门县内偏远的深山大村，山环水抱。水口处两山夹峙，形成狭小的谷口。山口处建有一座重檐歇山楼阁架于小溪之上，俗称"水口亭"，体量颇大，两侧又有屋宇数间，用围墙相连，围墙上开有券门，以通村内外。整个建筑向内开放，向外封闭，从防卫角度看是极富有技巧的。水口的防卫功能直接产生了安逸封闭、安全感强的村落居住空间环境，使得村民得以安居乐业，为村落的兴旺发展提供了先决条件。

第二，水口的旅游功能。

从对文化社交的促进方面来说，迁入徽州的避乱之民追求安全第一的居住空间，导致居住空间环境封闭，村民安于自己的小空间，因此，徽州古村落内没有大规模的聚集场所，而水口环境优美，遂成为了村落的公共绿地，为村民提供了公共活动的场所。从观念上看，水口是村落的精神主宰、一村之保护神，使一村之民具有共同的安全感。水口的营建产生了一种封闭的"小一统天下"的居住空间环境，同时这种空间环境秀丽多姿，对文化的传承和发展有积极的作用。而且水口处多建有文昌阁、文峰塔、魁星楼、书院等文化建筑，是全村文化活动的中心，也是文人结诗社、举文会的佳地。文人墨客在此交流集会，促进了徽州文化的发展与繁荣。祁门善和村就是一处典型实例。善和村是千年古村，唐乾符年间，程仲繁进入善和村定居，是为始祖，后来人丁兴旺，至清末仍是程氏大村。善和村居江南万山之间，远离喧市，风景秀美多姿，水口更是景色迷人，善和十景有"傍云修竹""报慈古柏""月山晚霞""和溪桃浪""日山晚晴"等。美妙的村落景观加之悠久的历史，使得善和村民重视修身养性和文化发展，据《仁山门程氏族谱》中村图所示，善和水口原有六座牌坊：参政坊、大方伯坊、程吴坊、按察坊，以及两座节孝坊，体现了善和村重视封建伦理道德和以才入士。水口处的悟岗书院更是全村重要的文化活动中心。

从对观赏游览的促进方面来说，水口是整个村落景观空间序列的开端，多选在两山夹峙、溪流左环右绕之处。水口的营建以秀丽的自然环境为景观基础，保持天然野趣，又因地制宜，裁剪山水，点缀亭榭塔阁，同时融入村落景观，将山水花木、田园村舍及必要的点景建筑交融在一起，是整个村落景观的精华之所在，对村落环境及景观的改善尤其重要。歙县唐模水口檀干园就是最美的徽州水口之一。据《歙县志》载："昔为许氏文会馆，清初建，乾隆间增修，有池亭花木之胜，并宋明清初书法石刻极精。鲍倚云馆许氏双水鹿喧堂时，常宴集于此，题咏其多。程读山诗注言：'檀干园亭，涵烟浸月，大有幽致。'鲍瑞骏题二额，俗称'小西湖'。"水口尚存镜亭等数处建筑。整个唐模水口景观层次极为丰富。村口有路亭翼然而立，亭边横卧曲桥，溪流潺潺。随着沿溪的石板路穿过"同胞翰林"坊，檀干园即在望中。全园以水面为中心，岸边古树耸立，隐现山色村景。经响松亭入檀干园门，通长廊往水榭，过玉带桥达镜亭，此处是整个景观的中心。早年还可乘兴登"魁星楼"，游文昌阁诸景。镜亭内一副长联将檀干园风光描写得淋漓尽致。"喜桃露春浓，荷云夏净，桂风香馥，梅雪冬妍，地僻历俱忘，四序且凭花事告；看紫霞西耸，飞布东横，天马南驰，灵金北倚，山深人不觉，全村同在画中居"[29]。除此，歙县《丰南志》有"茶园水春"一景，徽州休宁双溪流口八景中有"野堆春云"一景，都是游览型水口中的景色。

"一生痴绝处，无梦到徽州"，徽州古村落是"乡村文化的活化石"，徽州古村落因人与自然的和谐统一被誉为"最美乡村"[30]。目前，徽州古村落已为外界所了解，在当今文化旅游市场已经成功占据一席之地。作为古村落"门户"和"灵魂"的水口文化如果能够从供给的角度加以合理引导和推向市场，必将促进徽州古村落文化产品旅游化和旅游产品文化化的有效结合。

[29]　陈俐，马道云，姚光钮．徽州水口园林艺术浅析 [J]．安徽建筑，1998(5)．

[30]　夏淑娟．徽州古村落的地域特色与保护利用 [EB/OL]．[2016-2-1]．http://epaper.anhuinews.com/html/ahrb/20160201/article_3408206.shtml.

第四章

旅游产业和文化产业融合的可行性

从产业层次上来说，旅游产业被誉为"21 世纪的朝阳产业"，文化产业同样也是 21 世纪的新兴产业，文化产业与旅游产业都是具有重要地位的综合性的第三产业，推动旅游产业与文化产业的融合发展之所以近年来一直受到关注并被积极倡导，是因为旅游产业和文化产业两者之间具有天然的耦合性（明庆忠等，2009）[1]，二者存在的很强共性是与二者都具有关联度高、带动性强的特点紧密相关的，所以更易发生渗透、交叉和融合（邱瑛等，2015）[2]。明代画家董其昌先生在《画旨》中写道："画家六法，一曰气韵生动。'气韵'不可学，此生而知之，自然天授。然亦有学得处，读万卷书，行万里路，胸中脱去尘浊，自然丘壑内营，立成鄞鄂。"可见，自古以来，"读万卷书"与"行万里路"不可分，唐代有高僧玄奘宗教文化之旅，明代有"中国第一行者"徐霞客人文地理之游，中国历代帝王多有游览各地文化名胜之记载，而最具浪漫传奇色彩的当属清代乾隆皇帝下江南之行，二者的结合正是旅游产业和文化产业相互交融的天生写照，可以说旅游就是一本活书，旅游就是一种学习方式。在我国古文献中，关于"旅"的含义很多。其中之一见《管子·小匡》："卫人出旅于曹。"注曰："旅，客也。"《易·旅·疏》中提到"旅者，客寄之名，羁旅之称，失其本居而寄他方，谓之为旅"。关于"游"，有重要意义的是孔子劝弟子

---

[1]　明庆忠，张瑞才．推动文化产业与旅游产业融合提升 [N]．人民日报，2009-08-14(7).

[2]　邱瑛，祁颖．旅游产业与文化产业融合发展的模式与路径研究 [J]．经济研究导刊，2015(5).

们"游于艺"。宋人赵顺孙认为："游者，玩物适情之谓。"古代中国人的许多出游，尽管方式、内容等千差万别，但相同的是它们都注入了时代的、特有的、丰富的文化内涵。如外出求学，为"游学"；异地做官，为"宦游"；僧侣出游，为"游方"；等等。由此可见，"旅"仅是人们的空间移动行为，而当其被赋予"艺""玩物适情"等文化元素后，就从行走或旅行变成旅游了。换言之，只有赋予文化内涵的行走，才是旅游；只有赋予文化内涵的旅行，才是旅游；只有赋予文化内涵的空间移动，才是旅游[3]。

一、旅游产业和文化产业融合的理论基础

（一）创新理论

1912 年美国哈佛大学教授熊彼特在《经济发展理论》中提出了"创新是指把一种新的生产要素和生产条件的'新结合'引入生产体系"的创新理论，他把创新定义为建立一种新的生产函数，即企业家实行对生产要素的新结合，而在发展产业的过程中，正是内部要素创新实现了创造性毁灭。这种"新结合"包括引入一种新产品、采用一种新的生产方法、开辟新市场、获得原料或半成品的新供给来源、建立新的企业组织形式[4]。资本主义经济打破旧的均衡而又实现新的均衡主要来自内部力量，其中最重要的就是创新，正是创新引起了资本主义实际经济周期的繁荣、衰退、萧条和复苏四个阶段，从而推动了经济增长和发展。在熊彼特关于创新的基本观点中，

---

[3]　李金早详解机构改革"文旅情怀"[EB/OL]. [2018-4-23]. http://www.sohu.com/a/2292

11905_785854.

[4]　（美）J. A. 熊彼特. 经济发展理论 [M]. 韩宏，等，译. 南京：江苏人民出版社，2003.

最基础的一点即创新是在生产过程中内生的，也就是经济生活中的创新和发展并非从外部强加而来的，而是从内部自行发生的变化。这实际上强调了创新中应用的本源驱动和核心地位。当然随着科技进步、社会发展，对创新的认识也是在不断演进的。特别是知识社会的到来，创新模式的变化进一步被研究、被认识[5]。

创新理论对于旅游产业和文化产业的融合研究具有重要的意义。创新理论基础之上的旅游产业和文化产业的融合实践，追求以创造新产业、毁灭旧产业为目的，体现为旅游产业与文化产业甚至其他产业彼此出现延伸、渗透与融合发展，从本质上来说这就是一种产业的创新。创新当之无愧成为了旅游产业和文化产业融合的重要动力源泉，同时也成为旅游产业和文化产业融合发展的重要途径。

（二）系统理论

系统思想源远流长，公认的科学系统论的创立者是美籍奥地利人、理论生物学家 L. V. 贝塔兰菲。他在 1932 年提出了"开放系统理论"，提出了系统论的思想。他认为"互相有联系的元素构成的集合就是系统，一个整体是由多个存在关联与制约的部分构成的"[6]。整体性、关联性、等级结构性、动态平衡性、时序性等是所有系统共同的基本特征。系统论的基本思想就是把所研究和处理的对象，当作一个系统，分析系统的结构和功能，研究系统、要素、环境三者的相互关系和变动的规律性，并优化系统观点看问题。世界上任何事物都可以看成一个系统，系统是普遍存在的。大至渺茫的宇宙，小至微观的原子都是系统，整个世界就是系统的集合。系统要素

---

[5]　创新理论 [EB/OL]. https://baike.baidu.com/item/%E5%88%9B%E6%96%B0%E7%90%86%E8%AE%BA/250511?fr=aladdin#ref_[2]_9936.

[6]　（美）路德维奇·冯·贝塔兰菲. 一般系统论 [M]. 北京：社会科学文献出版社，1987.

之间的相互作用是系统存在的内在依据，同时也构成系统演化的根本动力。系统内的相互作用如果从空间来看就是系统的结构、联系方式；如果从时间来看就是系统的运动变化，使相互作用中的各方力量总是处于此消彼长的变化之中，从而导致系统整体的变化。作为系统演化的根据，系统内的相互作用规定了系统演化的方向和趋势[7]。

系统理论对于旅游产业与文化产业的融合研究也具有重要的意义。基于系统理论之上的旅游产业和文化产业之间的融合发展就是凭借开放的产业系统，不同的产业要素进行相互竞争、协作和共同演进，从而逐渐成为新型产业的发展过程[8]。

（三）产业边界理论

边界概念源自系统理论，被引入产业组织理论研究后得到了"产业边界"的概念。产业边界是由产业经济系统诸多子系统构成的与其外部环境相联系的界面，由于同一产业内的企业之间存在竞争关系和资源配置的合作关系，而在不同产业之间存在着进入壁垒与退出壁垒，从而导致不同产业之间存在着各自的边界。边界是由各个产业的技术、业务、市场、服务、企业、监管机制等特性加以区分而形成的[9]。市场环境不是静态的，要想在动态的市场中求取生存，产业边界必然会随之变化而变化，

[7]　系统理论 [EB/OL].https://baike.baidu.com/item/%E7%B3%BB%E7%BB%9F%E7%90%86%E8%AE%BA/7110890.

[8]　徐虹，范清.我国旅游产业融合的障碍因素及其竞争力提升策略研究 [J]．旅游科学,2008(4).

[9]　产业边界理论 [EB/OL]. http://wiki.mbalib.com/wiki/%E4%BA%A7%E4%B8%9A%E8%BE%B9%E7%95%8C.

产业边界由此也会呈现出动态化和模糊化，进而产业与产业之间出现渗透趋势。

产业边界理论对于旅游产业和文化产业的融合研究同样是具有重要意义的。产业边界理论基础之上的旅游产业和文化产业的融合实践，体现为旅游产业与文化产业不是也不能孤立发展，在动态市场经济环境下的成长与壮大必然建立在产业彼此之间的交叉和渗透，甚至重组之上，这些现象是与产业内部和外部边界的模糊甚至消失相伴的，融合互动带来与其他产业竞争合作关系的改变，不同产业各展所长、各取所需，实现资源利用率的提高，这种融合互动使整个产业结构得以调整和优化。

（四）产业共生理论

产业共生是模仿自然生态系统提出的新概念，它属于一种特殊而复杂的经济关系，既具有经济特征，又具有生态特征。经济学视角下的共生特指经济主体之间存续性的物质联系，这种物质联系在抽象意义上表现为共生单元之间在一定共生环境中按某种共生模式形成的关系。最为广泛接受的产业共生的定义源自丹麦卡伦堡公司出版的《产业共生》一书，即产业共生是指不同企业或产业之间通过合作共同提高企业或产业的生存能力和获利能力，同时，通过这种共识实现对资源的节约和环境保护。产业共生可以是现代产业企业模仿自然生态系统内各生物种群的共生关系交互作用的组织创新模式，也可以是企业或产业之间竞争和合作的关系，同样可以是企业间生产过程中的副产品合作拓展为企业之间的全方位合作，以及由企业之间的合作扩大到企业、社区与政府公共部门之间多社会角色之间的广泛合作[10]。产业共生最独特之处是强调了建立在长期合作相互信任基础上的产业共生体是遵循循环

---

[10]　产业共生理论 [EB/OL]. https://wiki.mbalib.com/wiki/%E4%BA%A7%E4%B8%9A%E5%85

%B1%E7%94%9F.

经济模式的，是一种生态资源环境友好型融合现象。

毫无疑问，产业共生理论对于旅游产业和文化产业的融合研究必然也具有重要意义。建立在产业共生基础上的旅游产业和文化产业的融合是一种相互依存的协同进化现象，尤其从长期发展来看，两大产业优势互补、将市场经济法则的充分发挥，使各类资源在产业内外合理配置和流动，并有效运用，从而实现共同发展、共同适应，增强各自在抗经济危机冲击能力方面的稳定性。

（五）低碳经济理论

20 世纪 70 年代末，国际社会开始关注工业化带来的气候变化。1987 年，联合国环境与发展委员会主席、前挪威首相夫人布兰特朗的报告——《我们共同的未来——从一个地球到一个世界》拉开了人类重新评价西方工业化及其后果，要走经济可持续发展道路的序幕。报告中所提出的一些指导思想和基本方针，如环境与发展问题涉及世界各国几代人的利益，要有长远规划；人口、资源、环境和发展不可分割，要综合考虑；以及发达国家应与发展中国家广泛合作等，后来都被纳入 1992 年在巴西里约热内卢举行的联合国环境与发展大会发表的《里约热内卢环境与发展宣言》之中[11]。1997 年 12 月在日本京都 84 国联合签署《京都议定书》，全称为《联合国气候变化框架公约的京都议定书》，是 1992 年《联合国气候变化框架公约》（United Nations Framework Convention on Climate Change, UNFCCC）的补充条款，并于 1998 年 3 月 16 日至 1999 年 3 月 15 日间开放签字，条约于 2005 年 2 月 16 日开始强制生效，这是首次为发达国家设立强制减排目标，也是人类历史上首个具有

---

[11]　环境与发展宣言 [EB/OL]. [2009-04-03]. https://baike.baidu.com/item/%E7%8E%AF%E5%A2%83%E4%B8%8E%E5%8F%91%E5%B1%95%E5%AE%A3%E8%A8%80/5168362?fr=aladdin.

法律约束力的减排文件。在 2008 年至 2012 年的《京都议定书》第一承诺期内，发达国家的温室气体排放量应在 1990 年的基础上平均减少 5.2%。到 2009 年 2 月，一共有 183 个国家通过了该条约（超过全球排放量的 61%）[12]。"低碳经济"最早见于政府文件是 2003 年的英国能源白皮书《我们能源的未来：创建低碳经济》，并且英国政府为低碳经济发展设立了一个明确的目标，即到 2050 年英国将温室气体排放量在 1990 年的水平上削减 60%，从根本上把英国变成一个低碳经济的国家[13]。2006 年 10 月，由英国政府推出、前世界银行首席经济师尼古拉斯·斯特恩牵头的《斯特恩报告》指出，全球以每年 GDP 的 1% 为投入就可以避免将来每年 GDP 5%~20% 的损失，呼吁全球向低碳经济转型[14]。

莱斯特·布朗曾在 1994 年提出了一个"21 世纪谁来养活中国人"的前瞻性命题，在当时的国际国内学界引发了一场关于中国人口、粮食危机的争论。2003 年，他又掀起了一场"A、B 发展模式"之争。"A 模式"即以化石燃料为基础、以破坏环境为代价、以经济为绝对中心的传统发展模式。"B 模式"则是以人为本，以利用风能、太阳能、地热资源、小型水电、生物质能等可再生能源为基础的生态经济发展模式[15]。2007 年 12 月 15 日，联合国气候变化大会制定的"巴厘岛路线图"为全

[12]　新华网. 京都议定书 [EB/OL]. [2002-09-03]. http://www.xinhuanet.com/world/2012-11/29/c_113844793.htm.

[13]　Department of Trade and Industry. Energy white paper: Our energy future create a low carbon economy [M]. London: TSO, 2003.

[14]　Stern N. Stern review on the economics of climate change [M]. Cambridge: Cambridge University Press, 2007.

[15]　陈琳. 绿色思想家莱斯特·布朗：为地球开一张新处方 [EB/OL]. [2010-06-09]. http://news.qq.com/a/20100609/000801.html.

球进一步迈向低碳经济起到了积极的牵引作用，在此背景之下，转变经济发展模式，从传统的高碳经济向低能耗、低排放、低污染的模式转型逐渐被世界各国提上日程[16]。联合国环境规划署确定 2008 年世界环境日的主题为"转变传统观念，推行低碳经济"（Kick the habit! Towards a low carbon economy）。我国环境保护部确定 2008 年世界环境日中国主题为"绿色奥运与环境友好型社会"，其内涵是通过宣传绿色奥运和生态文明理念，倡导人人参与环境保护，促进生态文明观念在全社会牢固树立，为成功举办绿色奥运、共建环境友好型社会贡献力量[17]。作为发达国家的美国 2007 年 7 月由参议院提出了《低碳经济法案》，表明低碳经济的发展道路有望成为美国未来的重要战略选择。2009 年 9 月，美国众议院投票通过了《美国清洁能源安全法案》。该法案重点包括了以总量限额交易为基础的减少全球变暖计划，将通过创造数百万的新就业机会来推动美国的经济复苏，通过降低对国外石油依存度来提升美国的国家安全，通过减少温室气体排放来减缓地球变暖，是一部综合性的能源立法[18]。2009 年哥本哈根世界气候大会上来自 192 个国家的谈判代表商讨《京都议定书》一期承诺到期后的后续方案，即 2012 年至 2020 年的全球减排协议，将人们对碳排放的关注程度推向了高潮。

尽管旅游产业碳排在全球温室气候排放中占到了 5%，但同旅游产业在全球国民

[16] 邱琼. 低碳经济时代绿色消费观的构建 [EB/OL]. [2010-09-13]. http://www.e-circulation. cn/html/xinBan/yjzx/zxgx/2010/9/13/1284363950230.html.

[17] 2008 世界环境日专题 [EB/OL]. https://baike.baidu.com/item/%E4%B8%96%E7%95%8C%E7%8E%AF%E5%A2%83%E6%97%A5?from=kg_qa.

[18] 百度文库——美国低碳 [EB/OL]. http://wenku.baidu.com/view/1e396034eefdc8d376e e3218.html.

生产总值中 10% 的贡献相比，旅游产业是能耗较低的产业，具有低碳的先天优势。要发挥旅游产业在低碳经济中的先天优势与示范作用，大力发展低碳旅游，为其他各行业率先树立良好的"碳形象"，并在解决气候问题的同时使其仍然能够起到保持经济稳定发展和消除贫困的重要作用。同时，通过旅游产业者对旅游产品的低碳化设计、讲解、服务，来引导旅游者低碳消费理念的建立和低碳生活方式的塑造，提高全社会和其他行业对低碳经济的认识和主动践行意识[19]。因为旅游产业发展低碳模式的优势十分显著，所以能够作为提高新型城市化质量的重要一环。旅游产业结构的调整应使低碳理念在链内横向纵向辐射扩散，达到产业价值链优化与低碳经济发展相辅相成、互相推进的效果[20]。如果能做好旅游产业的低碳化发展，使其成为低碳经济的有机组成部分，在旅游活动中计算二氧化碳，尽量降低旅游排放的二氧化碳，并用自己的行动弥补行动所释放的"碳"[21]，有利地促进相关产业融入低碳经济发展圈，对于整个经济系统的经济模式向低碳经济发展将起到显著的沟通、协调、支持和促进作用，优化新型城市化的质量。

事实上在 20 世纪 80、90 年代的生态旅游、绿色旅游、自然旅游、可替代旅游等新型旅游模式，在旅游资源的开发保护、旅游活动管理等方面就已经体现了低碳经济的思想。1987 年《我们共同的未来》一书出版后，伴随着可持续理论的日益成熟，可持续旅游的研究达到了前所未有的高潮。1990 年在加拿大召开的旅游国际大会上，最早明确提出旅游可持续发展概念的《关于旅游产业的创世纪议程》，这份议程可看作旅游产业发展的行动纲领和战略指南，是全球旅游产业正式实施可持续发展战

[19] 王洁，刘亚平．低碳旅游：气候变化下中国旅游业负责任的选择 [J]．岭南学刊，2010(2)．

[20] 李士梅，张倩．中国低碳经济发展模式的路径选择 [J]．江汉论坛，2011(8)．

[21] 富筱琦．时尚出游少制造一点"碳" [N]．华商报，2009-07-15(6)．

略的开端。然而伴随着旅游产业的快速发展，由于过分地追求经济利益，诸如环境污染、生物圈破坏、资源过度消耗等问题也日益严重，无疑对旅游资源的可持续发展造成了严重威胁。R.K.Maikhuri 和 S.Nautiyal 等学者（2001）认为在旅游资源开发中，资源保护与生态环境保护的冲突应主要通过政策法规和利益机制的协调来就解决 [22]。C. Scott Shafer 等人（2001）认为在旅游开发和管理中，旅游开发对旅游当地社会和生态系统的影响可以通过管理条件的改善、管理模式的建设来进行改善 [23]。

在美国、日本等市场经济发达国家已出台多种法律法规，调整旅游资源的保护与旅游活动管理等方面的关系，形成了一套比较健全的旅游资源保护法律体系，确立关于旅游资源管理、保护和开发利用的基本原则和基本制度；同时还针对各类旅游资源的不同特点，制定了旅游资源保护法律法规，并将旅游资源保护立法融合在国家资源与环境保护立法体系之中 [24]。日本就在其环境保护基本法——《公害对策基本法》中将旅游公害列入应当控制的六类环境公害之中，并规定"政府应努力保全绿地及保护其他自然环境。" 美国对旅游资源保护立法业很重视。在其《国家环境政策法》中专门有关于旅游资源保护的规定。其旅游基本法即《全国旅游政策法》的第一篇中就规定了美国世代人的旅游观光权利，提出了可持续旅游目标的明确要

[22] R.K.Maikhuri, S.Nautiyal, K.S.Rao, et al. Conservation policy-people conflicts: a case study from Nanda Devi Biosphere Reserve (a World Heritage Site), India[J].Forest Policy and Economics.2001,2（3-4）.

[23] C.Scott Shafer, Graeme J.Inglis. Influence of social, biophysical, and managerial conditions on tourism experiences within the great barrier reef world heritage area[J].Environmental management.2001,26(1).

[24] 邱朕扬.基于旅游循环经济理念的生态旅游区运行研究[D].云南师范大学,2006.

求；第二篇中则有很大部分是关于旅游资源保护的内容。

2008 年初，中国南方发生历史罕见的低温雨雪冰冻灾害，由此给当地旅游产业造成很大损失。湖南省张家界市副市长肖凌之说，此次灾害使得张家界的旅游接待人数比 2007 年同期减少 50.4%，旅游收入减少 42%，旅游设施损失 5 000 万元，旅游综合收入减少了 4 亿多元。针对气候变化及其对城市旅游可持续发展所带来的影响，联合国世界旅游组织秘书长助理杰弗瑞·李普曼认为，旅游是社会经济发展的重要催化剂，其当前面临的迫切挑战之一就是气候变化。他说，世界旅游组织今后将把应对气候变化视为与减少贫困同等重要的目标，鼓励世界各国调整各自的旅游战略和计划，采取行动消减自身排放和对环境的污染。亚太旅游协会副总裁迈克·亚兹也表示，气候变化是当前旅游产业面临的一个很大挑战，所有行业和领域应该联起手来，共同应对，从而为问题找到务实的解决方案。

2008 年 10 月，台湾台北县政府与当地的坪林乡共同规划推出了"低碳旅游"活动，并成立"坪林低碳旅游服务中心"，还制定了低碳旅游方面的一些规则，举办"坪林一骑踩茶去"的活动，希望以此开启低碳旅游模式，即以"捷运＋客运＋自行车＝低碳旅游"的方式，来评估此种低碳旅游的未来可行性与成熟模式[25]。2009 年 12 月，吴敦义刚上任台湾当局行政院院长不久，就宣称要在 4 年内完成台湾东部的低碳旅游发展计划[26]。国内知名的携程网也在 2008 年推出"碳补偿"活动，出游者可用以旅程累积的携程积分兑换树苗，由知名环保组织安排栽植，为自己的旅行进行"碳

[25]　黄文胜.论低碳旅游与低碳旅游景区的创建 [J].生态经济.2009(11).

[26]　低碳旅游的发展，亟需相应标准的出台 [EB/OL].[2010-3-10].http://www.hotels263.com/magazine/Article/ShowArticle.asp?ArticleID=1587.

补偿"，此举尚属国内首创[27]。2009 年 10 月才正式开放的四川燕子沟景区，也宣称他们"全国首推低碳旅游"， 在景区开发、景区管理、游客管理等多方面费尽心思，以减少环境污染，保护自然环境，并"有望促成旅游行业新标准"[28]。上海也在此时启动了"穿越长三角——绿色出行看世博"环保活动。这一活动将在沿途 16 个城市倡议公众选择低碳环保的交通方式，减少温室气体的排放，通过当地交通广播及多种方式向公众宣传"低碳世博、绿色出行"的理念，如邀请知名影视演员代言，扩大影响程度[29]。

如上所述，旅游产业发展低碳模式有着显著优势，与此相对应，低碳经济理论对旅游产业和文化产业的融合也有着非常重要的意义。笔者工作和生活的城市是自秦置新安郡至今已有两千多年的历史、地处安徽省南部的黄山市。这里的大气和地表水质常年保持国家一级、一类标准，已荣获了"国家园林城市"称号。黄山既是黄山市的招牌、安徽的招牌，又是中国的招牌。黄山是一个同时拥有世界自然遗产、世界文化遗产、世界地质公园这三项桂冠的世界风景名胜区，在国内外享有盛誉。自然风景的先天优势为黄山市旅游产业的发展创造了条件，然而这种优势却存在不确定性因素，诸如自然灾害、流行性疾病等偶发性事件都会影响到旅游产业的发展。

---

[27] 携程推出"碳补偿"活动 买机票送树苗保护环境 [EB/OL]. [2008-10-20]. http://news. sohu. com/20081020/n260130272. shtml.

[28] 低碳旅游的发展，亟需相应标准的出台 [EB/OL]. [2010-03-10]. http://www.hotels263. com/magazine/Article/ShowArticle. asp?ArticleID=1587.

[29] "绿色出行"助力"低碳世博""穿越长三角——绿色出行看世博"环保行动启动 [EB/OL]. [2009-10-3]. http://www. weather. com. cn/expo/dtsbzt/dthd_lscx/10/231218. shtml?jylc.

而历经岁月沉淀的黄山市所拥有的徽文化资源却可以大大弥补甚至超越自然资源为黄山市旅游产业所带来的成就。以徽文化为基础形成的徽学是中国三大地域文化显学之一，齐名于藏学和敦煌学，因此徽文化是特色卓著的地域文化。它不同于安徽文化，是指古徽州六县的土地所承载的、由六县历代先贤和人民群众共同缔造的文化，无论是物质还是精神上的内容都极其丰富，比如徽派建筑、新安理学、徽剧、新安医学、徽菜、徽州画派、篆刻、盆景、文房四宝、方言、风俗等等[30]。如以徽文化为代表的黟县的西递村和宏村 2000 年入选世界文化遗产。徽文化的博大精深和其本身所拥有的学术性、可继承性、可扩展性、地域性和发展性等特征是自然资源所无法媲美的，旅游者在旅行过程中所感受到的文化享受往往比自然资源的简单观光更记忆深刻。若以"徽文化"为主题进行旅游资源的开发和设计，将旅游与文化有机结合，无疑有助于向世界推介并传承徽文化，更重要的是文化之旅将大大减少对外界环境的碳排放，最小化对生态环境的扰动，成就旅游与文化的互动，完全顺应低碳模式。

2008 年，文化部批准设立徽州文化生态保护实验区，这是第二个国家级文化生态保护实验区，也是全国第一个打破行政区划、跨省市县的文化生态保护实验区，旨在徽州文化产生、发展、传承的区域内对其所承载的各种文化表现形式，开展以非物质文化遗产保护为主的全面的整体性保护工作。安徽省委、省政府高度重视，针对徽州文化生态保护制定了全新的区域发展的总体战略，对黄山市等地更加注重包括文化生态保护在内的科学发展状况考核。黄山市成立文化遗产保护管理委员会，加大资金投入，自上而下形成"横到边、竖到底"的工作网络，先后制定了《黄山市古民居保护暂行办法》《黄山市非物质文化遗产代表性传承人认定与管理办法》

[30]　徽文化 [EB/OL]. http://baike.baidu.com/view/793347.html?wtp=tt#sub269487.

《加强非物质文化遗产传承保护工作的实施意见》等，形成了较为完整的保护体系，为加强文化遗产保护工作提供了法规依据和制度保证，确保文化生态保护有章可循、有制可依。如今，全市现存的非遗涉及民间文学、民间美术、民间舞蹈、戏曲、民间手工技艺等 14 大类，共 1 325 个项目，种类和数量在全省地市中均位列第一，其中徽州传统木结构营造技艺、程大位珠算法被列入联合国教科文组织人类非遗代表作名录。拥有市级以上非遗名录 171 项，其中国家级非物质文化遗产名录 20 项；国家级非遗传承人 20 人，省级 145 人，市级 669 人；国家级非遗生产性保护示范基地 1 处，省级传习基地（所）27 处，省级非遗教育传习基地 5 处，市级传习基地 85 处 [31]。将低碳经济理论与黄山市重要支撑产业——旅游产业发展相结合，发展黄山市旅游产业的低碳模式，通过旅游元素的低碳模式的注入，带动城市的基础设施建设，促进城市形成"以人为本"的人文服务环境，这将有利于黄山市旅游产业的"发展、协调和持续"，有利于旅游与自然、文化和人类生存环境成为一个整体。

二、基于产业功能的旅游和文化融合的可行性

（一）旅游产业的产业功能

1. 发展旅游产业能引领多产业发展

旅游产业作为服务产业中的关联度极高的综合性第三产业，凭借旅游资源和设施，专门或者主要从事招徕、接待游客，为其提供交通、游览、住宿、餐饮、购物、

---

[31] 闫冲冲，李学军．活态传承气韵生——我市推进非物质文化遗产保护综述 [EB/OL]．[2017-9-18]．http://ah.people.com.cn/n2/2016/0811/c373106-28816487.html．

文娱等服务[32]，已成为 21 世纪最具发展潜力的产业，受到世界各国的青睐[33]。斯沃布鲁克（2006）指出，旅游产业不同于其他任何一种工业或者服务性产业，它是具有经济效应、文化效应、生态效应、扶贫效应相结合的规模产业优势的一项集综合性、先导性和推进性于一体的产业，具有乘数效应。旺盛的旅游产业能够以乘数效应刺激和推进第三产业部门及相关工业部门的发展，能够带来丰富的人流、物流、资源流、信息流，促进经济社会全面发展[34]。旅游消费不仅直接拉动了民航、铁路、公路、商业、食宿等传统产业，也对国际金融、仓储物流、信息咨询、文化创意、影视娱乐、会展博览等新型和现代服务业发挥着重要促进作用。据统计，与旅游相关的行业、部门已超过 110 个，旅游消费对住宿业的贡献率超过 90%，对民航和铁路客运业的贡献率超过 80%，对文化娱乐业的贡献率超过 50%，对餐饮业和商品零售业的贡献率超过 40%[35]。

早在 2008 年召开的全国旅游会议上，时任国务院副总理的吴仪同志就指出："旅游产业是促进经济增长的动力产业、推动社会进步的和谐产业、建设生态文明和促进区域协调发展的先导产业、深化对外开放的窗口产业。"[36] WTO（2010）估算出

[32] 旅游业 [EB/OL]. http://baike.baidu.com/view/48425.htm#sub48425.

[33] 张松婷，张贤付. 安徽省旅游商品存在问题及对策分析 [J]. 云南地理环境研究, 2007(19).

[34] 斯沃布鲁克. 旅游景区开发与管理（第二版）[M]. 龙江智，李淼. 译. 北京：旅游教育出版社, 2006.

[35] 中国新闻网. 丽江市长：出台法规 确保带薪休假制度落到实处 [EB/OL]. [2013-3-6]. http://www.chinanews.com/gn/2013/03-06/4621720.shtml.

[36] 李劲松. 浅析旅游业在 30 年中的定位与功能 [J]. 当代经济, 2008(12).

旅游产业的贡献达到了全球 GDP 的 9%，拉动了全球就业的 8%[37]。按照国家旅游局的规划，我国到 2020 年旅游总收入将达到 46 443 亿元人民币，相当于 GDP 的 7%，旅游产业将成为国民经济的支柱产业，其在国民经济和社会发展中的作用将越来越突出，我国将成为世界旅游强国。

2. 发展旅游产业有益于消除二元经济结构

旅游产业的发展可以加速区域内的人流、物流、资金和信息流的流动。众多的游客产生了多种多样的需求，旅游目的地不仅仅限于名山大川，近郊旅游、乡村旅游、休闲农业旅游都是新的热点，如果能使旅游者所在城市的周边形式多样的旅游得到创新性发展，促进农产品种植的多样化、加工的产业化和精细化，便可吸纳劳动力，实现就地城市化，城乡统筹发展结构自然而然渗透到经济整体发展中。我国目前有 2 万多个景区点，其中 70% 以上坐落在偏远地区和欠发达地区。通过发展旅游，特别是乡村旅游，可以实现国民收入的再分配，不仅仅使得城乡差别逐渐减小，还有力解决了城乡建设与资源环境的突出矛盾，有利于社会公平的实现。而且发展旅游促进了旅游地区设施建设和环境改善，当地居民生活质量随着生活环境的不断改善也不断提高。大量旅游者的来访和城市市民的大量出游，开拓了国民的眼界，丰富了地理、文史和风俗民情等知识，提升了国民的文化素养。

3. 发展旅游产业有助于产业结构升级

第一产业是国民经济的基础，提高第二产业、发展第三产业是经济结构调整的

---

[37]　Guido Candela, Paolo Figini.The economics of tourism destination[M]. Springer-Verlag Berlin and Heidelberg GmbH & Co. K, 2012.

总体部署和思路。如果从我国三次产业每万元 GDP 能源消耗情况来看，第一产业约为 0.48t 标准煤／万元，第二产业约为 0.9t 标准煤／万元，第三产业约为 0.3t 标准煤／万元，第三产业单位能耗是第二产业的 1/3，是第一产业的 62.5%。旅游产业是一个综合性产业，作为服务业的龙头产业，产业关联度非常高，具有十分突出的关联带动作用，通过大力发展旅游产业，发挥带动的核心作用， 不仅直接给交通、餐饮服务、商业网点、景区等创造了需求，满足了市场，而且间接地带动和影响了农村和城市建设、加工制造、文化体育等行业的发展。旅游产业的快速发展将提升旅游产业在第三产业中的比重，这种调整有利于第三产业内部经济结构的合理化；同时还增加了第三产业在整个国民经济结构中的比重，加快一、二、三产业之间经济结构的优化，有效降低资源消耗，促进我国国民经济持续健康快速地发展。

4. 发展旅游产业有利于增加资金积累和外汇收入

发展国内旅游产业，有助于拓宽货币回笼渠道，加快货币回笼速度，扩大货币回笼量，因此能够加快资金周转，增加资金积累和国民收入，为国内旅游产业发展创造了坚实的物质基础。发展国际旅游产业能够增加外汇收入，旅游者必须要来旅游产品生产地进行消费，节省了商品贸易流通过程中的运输、仓储、保险等费用，降低了换汇成本；旅游出口不受客源国或地区贸易壁垒的干扰和限制，不受关税和出口配额的影响；旅游产业创汇方便，无需产品包装、储运和其他繁杂的进出口手续，减少了贸易摩擦现象。旅游的宣传效应率为 1:8[38]，即一个旅游者对当地的印象可影响 8 个人。因此，国际上普遍认为旅游产业是最优秀的出口产业。发展旅游产业可带来大量的人流、物流、信息流、资金流，通过旅游由外向内输入了最新的技术、

---

[38]　赵莹. 论我国城市旅游产业的发展对城市的影响 [J]. 商，2016(30).

信息和先进的经营管理理念，有利于降低学习和借鉴他国有益东西的成本，加快观念的更新，促进本地区扩大对外开放及与国际接轨。

5.发展旅游产业契合经济的可持续发展

如上所述，旅游产业结构内涵丰富，产业关联度高，而这一产业与可持续发展紧密相关。低碳经济理念在国外旅游产业中的应用开始较早，兴起于20世纪80、90年代的生态旅游、绿色旅游、自然旅游、可替代旅游等新型旅游模式，在旅游资源的开发保护、旅游活动管理等方面都体现了低碳经济的思想。低碳旅游，就是借用低碳经济的理念，以低能耗、低污染为基础的绿色旅游。它不仅对旅游资源的规划开发提出了新要求，而且对旅游者和旅游全过程提出了新目标。它要求通过食、住、行、游、购、娱的每一个环节来体现节约能源、降低污染，以行动来诠释和谐社会、节约社会和文明社会的建设[39]，是一种在旅游活动中计算二氧化碳，尽量降低二氧化碳排放的旅游，降低"碳"的旅游[40]。2009年国务院常务会议讨论并原则通过《关于加快发展旅游业的意见》，明确提出发展"低碳旅游"和推进旅游节能减排的要求和硬性目标，并首次将旅游行业这一"低碳"型行业列为国民经济的战略支柱产业。它是一种典型"无烟工业"，几乎不存在工业化垃圾，不仅占用资源少，很多资源可以永续利用，而且在这样的窗口性质行业进行低碳模式的宣传和推广，利于低碳经济理念在整个产业结构中影响的扩大。2010年上海世博会就是以各种减少碳排放的技术为亮点，低碳世博自然而然带动了相关技术研发、创新及生产的大幅增加。

如果将低碳经济与服务业的重要龙头产业——旅游产业发展相结合，发展旅游

[39]　刘啸. 论低碳经济与低碳旅游 [J]. 中国集体经济, 2009(13).

[40]　江丽芳，王晓云. 从生态旅游到低碳旅游 [J]. 中国集体经济, 2010(18).

产业的低碳模式，通过旅游元素低碳模式的注入，带动城市的基础设施建设，促进城市形成"以人为本"的人文服务环境，这将有利于旅游产业的"发展、协调和持续"，有利于旅游与自然、文化和人类生存环境成为一个整体，更有利于整个国民经济的可持续发展。

（二）文化产业的产业功能

1. 发展文化产业有助于满足民众对精神文化的需求

改革开放 40 多年来，我国经济持续快速增长，随着全面建设小康社会和社会主义现代化事业的推进，人们的物质需求、衣食住行需要随之得到一定程度的满足后，消费倾向必然向精神、文化方面转移，民众对文化产品和服务的精神需求大大增加，并趋向多样化和高端化，而文化产品品种的增多、文化传播渠道的拓宽、文化服务的多元更好地满足了民众对精神文化的需求。即文化产业的发展源于人们对精神文化产品需求的不断增长，归根结底是经济增长的结果[41]。过去我们往往习惯于把文化艺术仅仅作为单纯的宣传教育和公益性事业看待，对其所具有的商品属性和服务功能认识不足、重视不够。而文化不仅具有意识形态属性，而且具有经济属性和商品属性，所以文化产业不仅具有公益事业的属性，更具有服务业生产经营的特征。发展文化产业，是推进文化事业发展、进一步满足群众日益增长的精神文化需求的必然选择。

---

[41] 郑茂林，郭旭红. 知识经济条件下文化产业与经济增长关联性分析 [J]. 江西社会科学, 2004(3).

2. 发展文化产业有利于促进产业结构的调整和优化升级

从国外的经验来看，当一个国家人均 GDP 超过 1 000 美元时，城乡居民的消费结构就会发生根本性的变化，精神文化消费支出的增长将会大大高于物质消费支出的增长。正是精神文化需求的日益增长，推动文化产业快速发展，文化产业发展又有力地拉动了我国经济结构转型升级。党的十六大确定了"推进产业结构优化升级，形成以高新技术产业为先导、基础产业和制造业为支撑，服务业全面发展的产业格局"的经济发展战略，特别强调要加快发展现代服务业，提高第三产业在国民经济中的比重。现代服务业大体相当于第三产业，其中包括文化产业。在我国现有的产业布局中，第三产业的发展还不充分，而在第三产业中，文化产业又是相对薄弱的环节。要实现产业结构的优化升级，除了第一、第二产业及其内部各部门之间要进行调整之外，还应该通过发展文化产业等途径来加大第三产业的比重，提高其运行质量。发展文化产业能迅速提高文化产业在第三产业中的比重，使三大产业比例趋于合理，有利于产业结构调整和优化升级。

3. 发展文化产业有助于深化文化体制的改革

企业是市场主体，发展文化产业靠文化企业。但目前我国文化系统内真正具有国际竞争力的文化企业还比较少，必须从深化文化体制改革入手，以创新体制和机制为重点，积极推进国有经营性文化单位转企改制，培育一批自主经营、自负盈亏、自我发展、自我约束、有竞争力、有影响力的大型国有或国有控股文化企业和企业集团为市场的主体。目前，全国非公有制经济所创造的文化产业增加值已占全部增加值的一半以上，就业人数占 2/3。但非公有制文化企业也在不断发展壮大。只有以发展为主题，以改革为动力，以体制机制创新为重点，把符合社会主义市场经济规律的要求和社会主义精神文明建设的要求统一起来，把社会效益和经济效益统一起来，把健全宏观管理和搞活微观主体统一起来，不断革除制约文化发展的体制性障碍，社会主义文化发展繁荣的体制保障才能不断得到完善。

4. 发展文化产业有益于增强国家综合竞争力

综合国力是衡量一个国家国际影响力的综合评价指标，是一个国家包括政治实力、经济实力、军事实力、外交实力和包含科学技术在内的文化实力的各方面实力的总和。当今世界日趋激烈的综合国力竞争，越来越突出地表现在知识力量和文化力量的竞争。蓬勃发展、潜力巨大的文化产业是当代及未来综合国力的重要组成部分，其竞争力包含了两个层次，一是一个国家文化产品在国际和国内文化市场中占有的份额，二是一国文化对他国文化的影响力，文化竞争力的强弱直接关系到国家整体实力的高低。尤其我国作为有着深厚底蕴的文明古国，文化博大精深，源远流长，但发达国家大量的文化产品被作为工业产品生产出来或被直接作为精神商品投入消费领域，中国文化在国际竞争中面临的压力与挑战越来越大。在文化贸易中，"所谓强势文化与弱势文化实际上反映和揭示了当代世界文化力量的一种对比关系的存在性状况，反映的是当代世界文化力量的一种对比关系。……衡量的标准，不仅是文化本身，而且还包括一种文化背后的政治、经济；包括文化生产力的发展水平、文化传播力的水平和文化影响力的水平等等。而所有这些能力指标都与一定国家的政治、经济和社会发展的总体水平相一致。" [42] 要提高我国综合国力，除了其他方面的竞争力要继续保持不断增强的势头之外，还必须加快发展包括科技在内的文化产业，提高科技文化的国际竞争力，进而促进综合国力的提高。

---

[42]　胡惠林. 论中国文化产业发展的"走出去"战略 [J]. 思想战线, 2004(3).

5.发展文化产业顺应了可持续发展理念

20世纪70年代的罗马俱乐部主席佩切伊在谈论"增长的极限"时就预见性地指出，"未来的发展只能是文化的创造"[43]。 以经济增长为核心的传统发展模式把经济增长视为目的，忽视人的全面发展，在很长一段时间内，我国巨大的经济成就很大程度上确实是依靠"高消耗、高排放、低效益"的传统粗放增长方式，不能兼顾环境、资源、生态的友好。要想实现经济的可持续发展，人类就必须从以破坏自然为代价向人与自然及社会的和谐发展转变，这同时也要求人类从以发展的客体为中心向以发展的主体为中心转变。文化产业通过市场关系中的创意设计、品牌塑造、企业文化、大众娱乐、传媒传播、艺术欣赏、审美体验等一系列方式，在受资源和环境制约较小的同时却能满足公众在精神层面的意义交流、价值判断和自我实现，因此一旦为传统产业注入文化品格，就能形成知识形态生产力的物化，必然能够促进产业结构的优化升级。文化产业是21世纪典型"无污染、低消耗、高效益"的无烟产业、朝阳产业，兼为智力型、清洁型、增值型的产业，以精神文化生产开发为主，促进了人的发展和素质的提升，实现了人与自然、自然与经济的动态平衡，所以发展文化产业符合经济可持续发展的理念。

（三）结论

从产业功能来看，旅游产业和文化产业作为第三产业，都兼具了扩大国内消费需求、促进经济发展方式转变、推进产业结构优化、利于社会经济长期的可持续性

---

[43] 薛焕玉. 对无知的叛逆——记前罗马俱乐部主席奥雷利欧·佩切伊 [J]. 未来与发展, 1985（2）.

发展的重要作用，共性决定了两者具有天然的耦合性。旅游产业和文化产业可以密切联系、相互作用和相互促进，用文化的理念来发展旅游，用旅游的方式来传播文化，两者的融合不仅必要，而且具备了充分的融合可行性。

第五章

旅游产业和文化产业融合的促进——以黄山为例

党的十九大报告指出，满足人民群众过上美好生活的新期待，必须提供丰富的精神食粮。从 1979 年我国改革开放总设计师邓小平同志发表黄山谈话以来，黄山作为中国旅游业发展的典型代表，已经成为全国旅游发展的一张标志性名片。早在 2014 年，国务院、国家发改委就正式批复了《皖南国际文化旅游示范区建设发展规划纲要》，黄山市被列入皖南国际文化旅游示范区的核心区，为黄山市旅游文化发展提供了政策土壤。同时黄山市相继出台了关于发展旅游文化产业政策等文件，在土地、税收、基础设施建设、园区、人才队伍建设、旅游地接、宣传营销等方面给予文化旅游产业大力扶持。黄山市致力于将文化旅游产业作为文化支柱性产业来培育，结合旅游业发展转型升级需要，围绕徽州文化生态保护实验区、皖南国际文化旅游示范区等国家战略，加大政府对其的各项政策扶持力度，在财政税收、土地资金等各个方面予以优惠，逐步完善关于文化旅游产业政策的各项法律法规体系，配套提供各项具有可操作性的政策，在认真贯彻落实文化旅游体制改革的各项工作部署下，积极推进文化旅游产业的融合和发展。2015 年，国家旅游局局长李金早在黄山市出席全国旅游工作研讨班时突出强调了黄山市作为国内旅游业的先锋代表要加速实施文化旅游产业的各项战略方针，不断推进黄山市文化旅游产业的发展，大力发展全域旅游。2016 年，黄山市被国家旅游局列入首批 20 家"国家级旅游业改革创新先行区"，确定了以旅游供给侧结构性改革战略为主线，以全域旅游发展为目标，加快将黄山市打造成为"美丽中国先行区和世界一流旅游目的地"，全市上下致力于打响"梦幻黄山·礼仪徽州"品牌，积极探索"旅游引领、多业融合，全景黄山、全业黄山"的发展模式，发展其古城生活、宗祠文化、牌坊文化、徽商文化、村落文化、民居文化等特色文化。 2018 年 5 月，黄山市旅游委员会发布了《黄山市旅游行业文明创建三年行动计划（2018－2020 年）》，就全市旅游业创建重点工作做出明确部署，加强对全市旅游行业规范性的管理，规范整治旅游市场行为，改善全市旅游环境，规范市场秩序，提升服务质量，建设文明和谐的旅游环境，为旅游产业的可持续发展做出了长远准备。

一、黄山市旅游产业和文化产业发展情况

（一）黄山市概况

黄山市地处皖南山区，属中亚热带北缘、亚热带季风湿润气候区，具有温和多雨、四季分明的特征。年平均气温 6~15℃，孕育出宜人的气候，也是著名的避暑胜地，是国家级风景名胜区和疗养避暑胜地。黄山的气候优势也促成了丰富的地产。黄山市中低山地大部分为黄壤，山地为黄棕壤，土层较厚，石砾含量较高，透水透气性能良好，肥力较高，有利于木、茶、桑和药材生长。丘陵地带多为红壤和紫色土，质地黏重，酸性，肥力很差，但光照条件好，适宜栎松、油茶等生长。山麓盆地与平原谷地多砂壤土，溪河两岸多冲积土，适用于农业耕作。同时优越的自然条件，蕴孕着丰富的森林资源，全市自然分布着 700 多种树木，加上引种培育的树种，共有 1 000 多种之多，是全省重点林业区县和三大毛竹生产基地之一、中国十大名茶太平猴魁的唯一产地和黄山毛峰的主产地；并且盛产香菇、灵芝、竹笋、枇杷、金桔、雪梨、石耳、猕猴桃、琥珀枣、蛇乾、野核桃、杏仁、榛子、徽果、香榧、长寿果桃、地瓜干、黄山樱桃、多味笋丝、五城茶干、黄山烧饼等 50 多种土特物产

和 40 多种淡水鱼类，均为天然的绿色产品；独具特色的农副产品，主要有毛竹、木材、茶叶、水产品等几大类，其中太平猴魁、黄山毛峰、祁门红茶等名茶蜚名中外。由于特殊的地势原因，在高山密林、崇山峻岭中活跃的飞禽走兽 200 多种，其中属于溪河塘坝中的鱼类有 120 多个品种，国家保护的珍贵鸟兽有 20 多种。黄山是黄山毛峰、太平猴魁、祁门红茶、黄山贡菊、徽墨徽砚等名特产品和传统工艺的主要生产地，也是华东地区各种高食用菌和中药材等的主产区之一 [1]。

黄山是一个同时拥有世界自然遗产、世界文化遗产、世界地质公园这三项桂冠的世界风景名胜区，在国内外享有盛誉。到目前为止，黄山市一共有 11 处国家级重点风景名胜区、自然保护区、森林公园、地质公园，60 处 A 级以上景区，其中 AAAAA 级景区有 3 家 8 处，旅游资源的密度非常大，与全国平均水平相比为其 40 倍以上。黄山市有世界文化遗产的西递宏村风景区，被联合国教科文组织列入"世界自然与文化遗产名录"的黄山风景区，全国三大国家生态保护区之一的徽州文化生态保护实验区，全国重点文化保护单位的潜口民宅、棠樾牌坊群等，牯牛降、清凉峰 2 处国家自然保护区，被誉为"黄山情侣""东方日内瓦""未经雕琢的翡翠"的省级风景名胜区太平湖，黄山国家森林公园、天然形成的地下钟乳石溶洞樵山神仙洞等众多自然景点景区，也有蒋家山新石器遗址、恐龙蛋发掘地等大量人文景观。

古代徽州历来有"山深不偏远，地少士商多"之说，很多在历史上赫赫有名的人物都出自徽州这块风水宝地，如发明活字印刷术的毕昇，宋代理学集大成者朱熹，明清三朝元老、大名鼎鼎的新安画派创始人渐江，清光绪年间著名的"公车上书"，百名举人中就有 4 位出自徽州，军机大臣许国，富可敌国的大盐商鲍漱芳，著名戏剧家汪道昆，医学家汪昂，徽墨、歙砚高手李廷，哲学家戴震，马克思《资本论》

---

[1]　黄山市 [EB/OL]. http://www.baike.com/wiki/%E9%BB%84%E5%B1%B1%E5%B8%82.

159

中提到的唯一中国理财家王茂荫，近代教育家、学者有陶行知、揭开中国现代文学革命运动的胡适，还有工程技术专家詹天佑、郑复光，孙中山元帅府秘书长、近代法学家徐谦等，都是徽州人。同时，徽州还孕育出了道教文化、桐城派、建安文学、龙城画派、北宋理学、徽文化、皖江文化等，而由于徽商兴盛，更是形成了徽州区域内新安理学、新安医学、徽派朴学、徽州戏曲、新安画派、徽派篆刻、徽派盆景、徽墨歙砚、徽派建筑、徽雕、徽刻、徽剧、徽菜等独具地方特色的文化流派。直至今日，黄山大地上仍遍布古桥、古塔、古亭阁、古宗祠、古牌坊，犹如一座天然的历史大博物馆。徽文化的博大精深和其本身所拥有的学术性、可继承性、可扩展性、地域性和发展性等特征是自然资源所无法媲美的，旅游者在旅行过程中所感受到的文化享受往往比自然资源的简单观光更记忆深刻。

自然赋予的资源和深厚的文化底蕴为黄山旅游提供了先机，而具有明显优势的的黄山地理区位更是为黄山旅游创造了条件。安徽是泛长三角的重要组成部分，又是中部崛起的重要组成部分，是沿海城市产业转移的重要省份，因此安徽经济发展潜力十分巨大。黄山市是安徽省地级市，位于安徽南部，简称徽或黄，古称新安、歙州、徽州，由于地处皖浙赣三省交界处，被称为"三省通衢"，为安徽省唯一位于钱塘江流域的城市，也是安徽省唯一成建制的吴语片（徽州方言）地区，黄山为"三山五岳"中的三山之一，有"天下第一奇山"之美称。黄山市是京福、皖赣、黄杭3条高铁的交会点和重要节点，随着高铁新区交通的筹建与完善以及机场的各项设施建设及各项配套设施的完善，黄山交通越发便利，大众出行也越来越方便。良好的区位条件，将很大程度地提高黄山市的影响力，使得黄山市的旅游业吸引力更大，辐射力更强，其发展前途不可估量。

（二）黄山市旅游产业发展现状

1987年黄山因旅游而建市，作为首批国家级生态示范区、全国水土保持示范区，黄山旅游业于20世纪90年代得到迅猛发展。作为全国著名的旅游城市，黄山市的三次产业结构由建市之初的49.9:25.5:24.6已经调整优化为2017年的8.9:39.7:51.4，其中，以旅游为主导的第三产业在安徽省地方经济中所占比例最大，约占全市GDP的51.4%，成为全省唯一一个服务业主导型的地区[2]。从2006年至2014年，旅游总收入占GDP的比重由45.01%显著提高到69.9%。2015年以来的近三年旅游总收入更是达到了400亿元以上，尤其是2017年，突破了500亿元，对GDP的贡献值增加到75%以上[3]。从图5.1和图5.2中可以得出稳步增长的黄山市经济是明显建立在旅游业发展的巨大贡献基础上的。

图5.1 2009—2017年黄山市GDP及旅游收入情况[4]

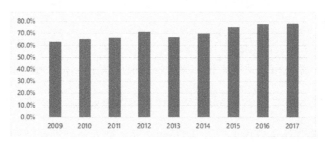

图5.2 2009—2017年黄山市旅游收入对全市GDP的贡献[4]

[2] 方亮.安徽省产业结构横向对比分析[J].黑龙江八一农垦大学学报,2011(6).

[3] 数据均来源于黄山市统计局有关黄山市国民经济与社会发展年度公报.http://tjj.huangshan.gov.cn/Content/showList/JA031/15441/1/page_1.html?loc=7.

表 5.1 黄山市 2009 年至 2017 年旅游总收入增幅和全市 GDP 增幅

年份	全市 GDP 增幅 /%	旅游收入增幅 /%	旅游支出收入弹性
2010	14.7	18.3	1.25 >1
2011	20.2	21.6	1.07 >1
2012	11.5	18.8	1.63 >1
2013	10.1	3.7	0.37 <1
2014	7.5	11.9	1.59 >1
2015	4.6	12.3	2.67 >1
2016	8.3	11.6	1.40 >1
2017	11.3	11.7	1.04 >1

表 5.1 中数据引用了《黄山市国民经济和社会发展统计公报》中所列的全市旅游总收入增幅和全市 GDP 增幅。当用产业的相对变化量与国民经济相对变化量之比来构建弹性系数 E 以反映产业的发展和萎缩过程时，从近 8 年的弹性系数来看，除 2013 年以外的所有年份黄山市全市的 GDP 每增长 1%，旅游收入增长均超过 1%。2013 年黄山旅游增速放缓并不是个例，同期周边九华山、天柱山也有所放缓，这与相关年份家庭轿车的逐渐普及、公众基于自驾游的便利对无门票景点的热情和关注所引起的波动不无关系。但这一个例的波动从旅游收入增幅以及旅游收入增幅相对于全市 GDP 增幅变动的整体趋势来说，黄山风景区在旅游市场消费者心理上的不可替代性是很强的。

进一步从微观市场角度来说，旅游收入也反映了旅游市场消费者的旅游支出，所以用旅游收入增幅与全市 GDP 增幅的比值可以衡量旅游支出收入弹性，该指标除 2013 年以外的其他年份均大于 1，充分说明了随着社会经济的发展，黄山市旅游业的增长速度相比于黄山市整体经济增长要快，一直处于增长阶段，是值得大力发展的产业。显然，旅游经济已成为黄山市的主导产业、支柱产业和富民产业。

（三）黄山市文化产业发展现状

"十二五"以来，黄山市文化产业发展规模逐步扩大，文化产业增加值年平均增速保持在15%以上，占GDP比重在安徽省16个市位居前列。2016年，黄山市实现文化产业增加值30.83亿元，占全市GDP比重5.02%。每年实施百个千万元以上文化产业项目建设，近六年累计完成投资376.2亿元[4]。

目前，黄山市已经树立了一批文化产业品牌，比如命名为国家文化产业示范基地的屯溪老街，成功入选安徽省第二批战略性新兴产业集聚发展基地的黄山文化旅游产业集聚发展基地，成功入选国家级非遗生产性保护示范基地的竹艺轩，列入了国家文化旅游重点项目名录的大型多媒体现代歌舞演出《徽韵》，列入了工信部文房四宝产业发展支持目录的徽墨、歙砚，黄山市也被授予了"中国文房四宝文化名城"称号。非物质文化遗产统计大数据显示，黄山市共有总计1 325个徽州非遗项目中涉及民间文学、民间美术、民间舞蹈、戏曲、民间手工技艺等14大类，种类和数量在全省地市中均位列第一。其中，国家级名录20项、省级名录71项、市级名录171项，如"徽州目连戏""徽州民歌""齐云山道场音乐""徽墨制作技艺""徽州三雕""采茶扑蝶舞""祁门傩舞""黎阳仗鼓""徽州板凳龙""徽州剪纸""许村大红灯"。而徽州传统木结构营造技艺、程大位珠算法更是被列入联合国教科文组织人类非遗代表作名录，合作成立了故宫博物院驻黄山徽派传统工艺工作站，还积极开展了徽州四雕、万安罗盘等生产性保护，并充分利用文化资源组织徽州年俗、徽剧、目连戏等非遗民俗走进旅游景区，成功打造了屯溪湖边古村落、屯溪黎阳in巷、歙县徽墨歙砚一条街、秀里影视村等一批文化新型业态。全市有123个百佳摄影点

[4] 黄山市情研究所. 做大做强黄山市文化产业 [EB/OL]. [2017-9-17]. http://www.xinhs.cn/Article.asp?id=85664.

成为了文化旅游新亮点，特别是符合现代人精神审美需求的三大演出《徽韵》《宏村·阿菊》《黄山映像之"天仙配"》，更是将徽文化与黄山旅游产业的融合体现得淋漓尽致，凸显黄山市旅游文化产业发展的巨大前景。古民居产权规范流转试点也被列入了安徽省 2016 年深化改革经典案例。

二、黄山市旅游产业和徽文化产业融合现状

文化自诞生之日起就作为旅游的灵魂与旅游存在长期的互补性，两者间密不可分。纵观我国旅游产业的发展，文化底蕴深厚的区域通常最先兴起，如西安兵马俑、北京万里长城、安庆黄梅戏、西递宏村等。如今随着大众旅游时代的到来，休闲式的旅游方式越来越被大众所认可接受，旅游中所蕴含的文化体验对游客出行选择的影响更加显著，已经成为旅游业发展的决定性因素。在亚太旅游组织的研究中一项关于"游客愿意支付的额外项目"的调查结果显示，有近六成的出行人士愿意为"旅游中额外的文化体验"买单。而在世界旅游组织统计中，在全球所有旅游活动中，文化旅游拉动的消费比重远远超过 60%，这也充分说明，旅游产业与文化产业的融合发展具有坚实的市场基础。

毫无疑问，黄山旅游产业在发展中享受了自然风景的先天优势，然而却可能会因为自然灾害、流行性疾病等偶发性事件影响到旅游业的发展，比如 2003 年突如其来的"非典"就是引起当年旅游游客接待量、旅游收入下滑的关键因素。而历经岁月沉淀的黄山市所拥有的徽文化资源却可以大大弥补甚至超越自然资源为黄山市旅游业所带来的成就。

徽文化作为三大地域文化之一，其特殊的精神需要、精神内涵表现在徽州区域

历史发展的各个阶段，尤其在当代社会中更是发挥着非常重要的作用。2018 年国务院发布的《政府工作报告》中第一次将"大力发展全域旅游"作为年度重点工作部署推进。黄山市市政府积极响应国家号召，制定适合黄山市发展的旅游战略，着力挖掘徽文化内涵，积极着手推动黄山市特色徽文化旅游领域供给侧结构性改革，加大旅游产业和文化产业融合的投资引导，推动旅游业与文化产业的深度对接，不断挖掘文化旅游产业发展的新动力。

（一）兴建一批文化主题旅游项目

黄山市围绕文化与旅游的深度结合，相继兴建或建成了黄山高尔夫文化休闲度假区、东黄山旅游度假区、太平湖休闲文化度假区、徽州文化园、黄山茶叶博览园、黄山国际商务休闲度假区、世界茶花风情园、东方红影视城、全国山地车运动训练基地等一批大型综合性文化旅游项目。其中黄山风景区和徽州古城更是获得了国家级投资进行改造升级。与一般的旅游项目相比，这些文化旅游项目集观光、休闲、食宿、购物于一体，规模庞大、投资额大，特色鲜明、功能齐全，包含了了观光游乐、文化体验、田园养生、商务休闲、体育运动、拓展训练等文化旅游产品。

（二）打造系列旅游目的地文化主题创意演出

智研咨询集团发布的《2017—2022 年中国旅游演出市场运营态势及投资战略咨询报告》中指出了当前消费者消费已脱离单一的依赖自然型旅游消费，更多的是转向对娱乐等的体验式消费上，由单一的自然型旅游消费转为多元性的文化体验式消费。文旅演艺是时下最具特征与可持续性发展的文旅融合具体形式之一，它能通过现代高科技手段为旅游市场消费者带来立体精神感受，具有独特的传播途径优势。

2015 年中国旅游演出的票房收入为 35.7 亿元，与 2014 年相比增长率为 31.7%，观众人数达到了 4 713 万人次，同比增长 31.2%[5]；2016 年中国旅游演出实际票房收入为 43.03 亿元，同比增长 20.5%；观众人数达 5 391 万人次，同比增长 14.4%[6]。具有地方区域特色的文化旅游演出通过更好的载体走近旅游市场的普通民众，扩大了区域文化的影响力，以文旅产业融合切实促进了旅游产业转型升级，推进了文化体制改革，加快了文化产业发展，满足了人民群众的消费需求，有利于推动文化遗产的传承保护，将中国优秀的传统文化从深闺中推出。

黄山市目前大型多媒体现代歌舞剧表演有《徽韵》《宏村·阿菊》《黄山映像之"天仙配"》，《徽韵》成功入选了文化部、国家旅游局确定的文化旅游重点项目名录。"一生痴觉处，无梦到徽州。"《徽韵》全剧共分五幕，每一幕都是相对独立又互相关联地呈现不同的艺术主题。通过史诗般的场景，以民歌欢唱、舞蹈、杂技、音乐、现代徽剧、花鼓灯、欢歌载舞、现代科技技术手法等多种表现手段打造一部精彩纷呈、美轮美奂的旅游文化大餐。在现代科学技术的创作下，不同的旅游风景融入了黄山特色的四季变化，在立足特色的自然资源和人文资源的同时解读了历经风风雨雨、造就了徽商雄霸中国商界将近 400 年的历史原因，更有反映国粹"京剧"是由徽班进京演变而来的真实史料故事，演绎了徽州女人在雕花板背后红灯笼映照下的孤寒而坚忍的人生等，不仅仅展现了黄山特色的自然风光，还将黄山特有的徽州文化淋漓尽致地融入其中，提高了观众的互动与参与感，大大丰富了文化旅游内涵。

---

[5] 去年旅游演出实收票房 35.7 亿演观众达 4713 万 [EB/OL]. [2016-4-11]. http://www.china.com.cn/travel/txt/2016-04/11/content_38220430.htm.

[6] 2016 中 国 旅 游 演 出 市 场 报 告 [EB/OL]. [2017-11-15]. http://wemedia.ifeng.com/37208151/wemedia.shtml.

（三）推介一批旅游目的地地域民俗文化

黄山市各区县都在积极找准自己的定位，发挥优势，形成自己独特的核心竞争力。如歙县通过实施古城整体改造提升工程，加快对在建筑、史学界素有"徽州故宫"之称的徽州府衙的修复工作，把古城的城墙、牌坊、谯楼、钟楼等连成线，赋予丰富的徽州民俗表演，更有对斗山街、渔梁坝景区、练江的保护，积极打造"中国第一古州府"，更是将徽州的民俗文化融入其中，绵潭绵戏、三阳叠罗汉、打秋千、许村板凳龙、昌溪舞草龙、雄村跳钟馗等使徽州古城的徽文化元素更为原汁原味。歙县充分发挥"非物质文化遗产"优势，涉及民间文学、传统技艺、传统医药、传统民俗4个大类，包括洞宾与沙溪的传说、东晋新安太守程元谭的民间传说等2项，深渡包袱饺、徽州手工纸制作技艺、徽州装裱技艺、徽州汽蒸粉丝制作技艺、徽州鸟笼制作技艺、徽州石砌技艺、洪济汪氏内科、新安黄氏妇科、殷家村殷氏内科、丰瑞里"抬汪公"、徽州晒秋、徽州杀年猪等14个项目，徽墨，歙砚，徽州砖雕，等等，大力开发旅游商品、纪念品，繁荣旅游工艺品消费市场，发展壮大传统工艺文化产业。祁门县在推进旅游发展实践中，以"百村千幢"古民居保护利用工程为契机，发展以"祁门香""群芳最"的祁门红茶文化为依托的祁红历史寻访、祁红制作体验、祁红茶园、祁门中草药观光等城郊农业休闲观光旅游，依托冯家顶、仙寓山、七彩玉谷、降上、燕山、大洪古道、松潭等市"百佳摄影点"发展摄影休闲文化旅游，注重凸显"绿色、原始、生态、古朴"的特色，深入挖掘"生态文化、红茶文化、新安医学文化、陶瓷文化、民俗文化"等旅游元素，积极打造"华东生态旅游休闲度假基地"，依托傩舞、祁红制作技艺等文化以及散落的乡村古祠、古戏台、古桥、古民居、古树林等文化资源的综合利用开发打造文化旅游新业态。

三、黄山市旅游产业和文化产业融合中的障碍

近年来文化旅游产业作为一个新兴行业，取得了突飞猛进的发展。2018 年 3 月，文化和旅游部成立后国务院出台了第一个关于旅游业发展的重要文件《关于促进全域旅游发展的指导意见》，第一次突破了我国文化和旅游体制性障碍，文旅的发展也必将获得更大的发展空间。作为旅游城市的标杆，黄山市在推动旅游和文化产业融合发展方面也进行了积极的实践。毫无疑问，这些年旅游产业为黄山带来了巨大的经济和社会发展效益，如今要推进黄山市传统文化与当地旅游经济发展的联系，通过旅游市场推动徽州特有的文化传承，实现旅游与徽州特有的非物质文化遗产和地域文化遗产的多重组合，以带动一轮又一轮的新经济的增长，前景是美好的。但"路漫漫其修远兮"，文化旅游融合过程并不是一帆风顺的，旅游产业和文化产业的融合也面临着很多障碍。

（一）缺乏足够的财政支持和优惠政策

目前文化与旅游产业融合过程中还缺乏足够的财政支持和优惠政策，加上旅游产业和文化产业涉及多个管理部门，多元化的产权和管理模式，有时难以统筹安排，实现文化和旅游的通盘考虑，形成政府领导、全社会参与、企业运作的良好运行模式尚有一定难度。像"好客山东""七彩云南""大美青海"等享誉全国的旅游品牌，都离不开各地政府对于旅游资源的挖掘和深入研究，并通过一系列措施将其推广至全省、全国乃至世界。而对于黄山市旅游市场，大部分人首先想到的是变幻莫测雄伟壮观的黄山、风景秀丽的西递宏村等，对于徽派建筑、徽州雕刻、徽笔制作技艺、西园喉科医术、徽州祠祭等文化资源的了解还不尽人意，所以相应的政策引导和措

施扶持，将旅游产品的文化内涵推向市场的力度、广度和深度还有待加强。

（二）从业人员不足及各种基础设施的配套欠完善

随着黄山市文化旅游产业的不断融合发展，消费者数量虽然不断增加，但市场供给配套的不完善制约了文化与旅游融合发展做大做强。现有文化旅游市场的从业人员往往专业知识不足，或文化底蕴不够深厚，文化旅游复合人才和高端创意人才缺乏，难以实现文化和旅游的深度融合。不仅人员素质亟待提高，旅游城市和景点之间不完善的公共交通体系、大型游客集散中心的缺乏造成的交通障碍也是影响发展的短板之一。黄山市地形主要以山地丘陵为主，很多优质的文旅资源都聚集在边缘地带，需要依托优质的交通网来将各个不同的景点进行串联。此外，在万众旅游的今天，公众逐渐偏好于带有体验感的文旅旅游氛围，而这些都是以完善的基础设施加上先进的互联网科技及其他高科技的支持共同打造的。

（三）非物质文化遗产传承有断层危险

非物质文化遗产指的是在一个地区、一个族群内通过口传心授，或者不断反复进行等方式世代相传并延续下来的，具有活态传承特点的文化。与其他风景性质文化不同的是，非物质文化遗产蕴涵着更多的人的能动性在里面，需要依靠传承人作为媒介达到传播发展的目的。非遗传承人是非物质文化遗产项目的重要承载者和传递者，也是非物质文化遗产项目保护和活态传承的核心载体。黄山市非物质文化遗产丰厚，但鉴于非遗涉及的手工艺生产要靠成熟的技艺，其习得往往需要悟性和天长日久的实践，并不是仅仅了解技术原理就能做到的，所以非遗传承人高龄化的趋势日益明显。

例如，作为中国四大名砚之一的歙砚，是砚史上与端砚齐名的珍品，其独特的雕刻技法弃其俗气、匠气，使这项传统工艺更具收藏价值。其制作技艺被列入了中国首批非物质文化遗产。在外事交往中，这种纯手工工艺的非物质文化遗产，整个制作流程堪称考究的歙砚多次被选作国礼，赠送给国际友人。如 1997 年《黄山胜迹印痕》被李鹏总理作为国礼赠送给日本明仁天皇，2004 年歙砚雕刻作品《中国龙》作为了胡锦涛主席赠送给法国总统希拉克的国礼等等。在制作歙砚之前，需要有经验、慧眼的大师挑选一块好的石料，并根据其挑选的石料形状和自然纹理设计成一个合理的图案，在制作工艺上更是十分讲究，每一块砚台都要经过选料、制胚、设计、雕刻、磨光、上光等多种复杂工序。也正是因为做工考究而繁琐，技法耗时又耗力，很少有人愿意潜下心付出昂贵的时间成本来学这门手艺。在黄山市文广新局公布的第六批市级非物质文化遗产代表性项目传承人名单中，非物质文化遗产的传承者共 110 名，涵盖了 32 大非遗类别，这些传承人将会使得歙砚制作技艺、五城米酒制作技艺、五城豆腐干制作技艺、徽州毛豆腐制作技艺、万安罗盘制作技艺、徽州木榨榨油技艺、绿茶制作技艺等发扬光大。但是传承人的人数总量与快速发展的文旅产业相比是远远不够的，昂贵的时间成本加上现代社会家庭人口结构的变化难以适应传统的师傅传承和家族传承，在新型城镇化建设中，非物质文化遗产的传承遭遇了一些困难，不乏断层的危险。正如高尔基所说的，"一个民间艺人的逝世，相当于一座小型博物馆的毁灭"，一旦非物质文化遗产缺乏其传承人，其损失也是无法用经济来衡量的，以此为基础的旅游产业必然也会受到重创。

（四）文化主题创意演出受旅游市场波动影响大

文旅演出是将地域特色的文化通过大众喜闻乐见的演出方式呈现出来，近几年国内现有旅游产品中，相当一部分都打包了文旅演出项目，中国文旅演出市场上知名演出品牌有以《印象·刘三姐》为代表的"印象系列"、以《宋城千古情》为代表的"千古情系列"和以《又见平遥》为代表的"又见系列"等，黄山市的文旅文化创意演出如《徽韵》《宏村·阿菊》《黄山映像之"天仙配"》也具有一定的知名度。这种文旅演艺产品基于消费者对旅游和文化的双重需求发展壮大，其固然提升了旅游内涵，对消费者产生一定吸引力，但其运营也受到多种因素影响。一则在淡季旺季的旅游市场的规模大小上，季节会直接影响盈利情况；二则目前文旅演出市场普遍通过旅游产品向消费者打包出售，散客直接购买观看的比例非常低；三则这些文旅融合产品的主要运营主体，掌握着整个文化创意产业的"生死大权"，其决策的每一步也会影响其最终的发展方向，尤其文旅演出涉及大量高科技的应用，投资巨大，如运营不利，只能徒有虚名了。如知名的《印象·刘三姐》演出，投入了巨大的人力物力资源，主要依靠售卖门票来维持其主要或基本的演出开支，然而旅游市场跟随季节呈现的波动性、运营者投资决策的不恰当导致背负了巨大债务，演出面临着"每日演出却面临破产"的情况。所以黄山市的文旅演出也不可避免会受到旅游市场供求的影响，为避免影响过大，必须尝试创新形式，了解消费者的需求偏好并增强运营方的投资能力。

四、促进旅游产业和文化产业融合的对策

关于旅游产业和文化产业融合的促进和对策，何建民（2011）指出，旅游产业融合发展的机制是指有效实施旅游产业融合发展战略的规范与引导相关利益者行为的各种制度安排，并提出构建产业融合的信息交流平台，建立克服行政部门分工分

家与行政区经济各自为政的协调组织与制度，制定激励政策，加强旅游市场监管的发展机制[7]。庄猛（2011）提出要加强文化产业与旅游产业的融合深度和广度，不断拓宽产业发展模式，走多渠道、多层次、多角度的产业化发展之路，即项目带动型、综合发展型、品牌带动型、企业驱动型、管理创新型[8]。张海燕等（2011）从产业融合的视角构建了包含品牌定位、品牌设计与开发、品牌营销和品牌管理四个方面的民族文化旅游品牌建设模型，并基于此提出了民族文化旅游品牌建设的对策。整个构建过程不是单向有序进行的，品牌管理贯穿于民族文化旅游品牌构建的始终，构建过程中还暗含了品牌的再定位、再开发、不间断的营销和管理等反复的行为过程[9]。张彬（2017）以西南地区优越的自然与文化资源为旅游与文化产业的融合发展提供了基础，处理好政府与企业之间的关系，加强对市场及创新型复合人才的培育的角度为文旅更完美地融合和发展提出了对策[10]。张心怡等（2017）针对文化与旅游产业两者融合发展存在的竞争激烈、质量参差不齐、配套设施落后、宣传推广不足、思想意识落后等问题，树立"以旅游为中心，以文化为辅助，将文化发展应用到旅游产品上"的理念，提出加强旅游设施建设、大力开发旅游文化产品、加大宣传推广力度、加强员工培训是各地区文化与旅游产业融合发展新路径[11]。甘畅等

[7]　何建民. 我国旅游产业融合发展的形式、动因、路径、障碍及机制 [J]. 旅游学刊, 2011(4).

[8]　庄猛. 从产业融合看文化产业与旅游产业的互动发展 [J]. 躬耕, 2011(1).

[9]　张海燕, 王忠云. 产业融合视角下的民族文化旅游品牌建设研究 [J]. 中央民族大学学报（哲社版）, 2011(4).

[10]　张彬. 西南旅游产业与文化产业融合发展的思考 [J]. 中国集体经济, 2017(30).

[11]　张心怡, 洪力学. 文化与旅游产业融合发展路径 [J]. 经营与管理, 2017(9).

（2018）指出李时珍故里蕲春县医药文化底蕴浓厚、旅游资源丰富，应充分利用自身优势条件，制定"药旅联动"战略，积极走中医药文化产业与旅游产业融合发展之路[12]。桑彬彬（2018）指出旅游产业与文化产业融合的实质是旅游产业价值链与文化产业价值链的解构与重构。根据旅游产业价值链和文化产业价值链的构成，以模块化理论、矩阵概念为基础，构建旅游产业和文化产业的价值链矩阵，并以矩阵乘法运算模拟旅游产业价值链与文化产业价值链的融合过程来诠释旅游产业与文化产业的融合机制[13]。

鉴于文化产业与旅游产业之间的融合是一个循序渐进、动态发展的过程，为了实现这两个产业的深度融合，应从宏观和微观两个方面、多个维度积极推进，构建具体的融合框架。

（一）构建旅游产业和文化产业融合的宏观体系

产业融合的发展已经受到各国经济社会的关注，政府属于宏观调控层面，它对文化产业与旅游产业融合的支持与发展，主要体现在机构设置、政策引导、金融支持等方面，从而构建产业融合的宏观支持体系。

1. 完善政府职能，构建行业职能机构

2018 年 3 月 13 日，国务院机构改革方案提请十三届全国人大一次会议审议，

---

[12]　甘畅，段涛，胡思涌，等 . 李时珍中医药文化产业与旅游产业融合策略研究 [J]. 中国集体经济 ,2018(3).

[13]　桑彬彬 . 产业价值链视角下的旅游产业与文化产业融合机制研究 [J]. 云南开放大学学报 ,2018(1).

方案提出，将文化部、国家旅游局的职责整合，组建文化和旅游部，原来的文化部、国家旅游局将不再保留。文化与旅游部的成立，可以在政府管理层面更加便利地使文化和旅游有机地进行合作。以往，文化和旅游产业归多个职能部门管理，常常会出现文化部门与旅游部门在某些问题上的一些争论，这对于文化旅游产业的发展造成了很大的阻碍。所以机构在整合以后，更容易解决制度上的一些障碍，可以使旅游朝着更加有品质、更加有文化含量的道路上走，这样也推动了文化的传承。但是，由于旅游涉及的产业非常多，所以在文化与旅游部成立后，还会面临职能调整、旅游与相关部门如何合作等诸多问题，还需要一个磨合、梳理的过程。

国家除了成立文化和旅游部、各级政府成立文化和旅游局之外，还应该协助文化旅游行业建立起便于行业自治的行业职能机构。政府牵头，邀请并组织有关的企业、商家及专业人士等进行商谈，帮助成立专业化的行业职能机构，建立起解决问题、提升服务、沟通协商、招商投资的行业机制。另外，政府还要制定相应的市场准则，规范市场行为，规范行业发展，防止不良竞争。政府相关部门还要进行相关的市场调研，以便合理地制定政策，为企业提供及时有用的信息。

2. 在政策上积极引导促进

政府政策一直是产业融合发展中至关重要的环节，政策对产业发展的支持与否直接决定了产业发展的政治经济环境，好的政策对文化产业和旅游产业的融合能起到积极的引导、促进作用。

政府部门制定产业政策时，首先需要强调文化产业和旅游产业的重要性，强化政策的导向作用，加大政策的倾斜力度，加强社会各界对产业发展及运营情况的认知，提高对其发展的重视程度。其次，在政策中要提出文化产业与旅游产业融合这一发展方向，并明确指明产业融合的发展路径。比如，2012 年《文化部"十二五"时期文化改革发展规划纲要》指出要促进文化产业与相关产业融合，建立健全产业融合发展的体制机制，优化产业融合发展的政策环境，以文化提升旅游，以旅游传播文化，打破文化产业门类的边界，促进不同文化行业之间的融合，整合各种资源，延伸文化产业链。2012 年《中国旅游业"十二五"发展规划纲要》指出，要大力延伸产业领域，拓展旅游要素体系，促进旅游产业与其他产业融合发展，顺应现代产业融合发展趋势，打破旅游产业传统边界，通过要素的链接与各相关产业相互渗透，促进旅游产业和文化产业的融合发展。以上两份发展规划分别从文化和旅游的角度提出了产业融合的构想，在政策层面上给予了二者极大的支持[14]。

3. 在金融上全力提供支撑

政府相关部门陆续出台了许多支持文化产业发展的政策性文件，并且在"十三五"规划中重申，到 2020 年要实现文化产业成为国民经济支柱性产业的目标。但在目标实现的过程中，需要大量的资本注入和全方位的金融介入。2010 年，国家九部委发布了《关于金融支持文化产业振兴和发展繁荣的指导意见》，随后各省市都根据指导意见出台了本地区的金融支持政策，加大了本地区的金融支持力度。

第一，发挥金融机构支持的作用。一方面，鼓励金融机构加大对文化旅游全产业链的金融支持，对有实力的文化旅游企业进行跨行跨区并购提供信贷服务；对中小型文化旅游企业创新创业发展着力扶持；对乡村旅游、民族文化旅游产品的研发、生产提供金融支持。另一方面，开发融资担保机构创新担保品种和服务，加大融资

---

[14] 杨圆争. 山西省旅游产业与文化产业融合发展研究 [D]. 太原：山西财经大学，2013.

担保机构、小额贷款公司对文化旅游相关产业和配套设施进行贷款支持。

第二，推进多元化融资。一方面，支持文化旅游企业上市融资，利用多层次资本市场功能，推动企业改组再造，对上市工作进行辅导培育，鼓励符合条件的企业在主板、中小板、创业板上市，利用资本市场加快发展。另一方面，建立完善中小企业的融资担保机制，引导文化旅游企业通过债券市场进行融资。

第三，营造金融支持的良好环境。一方面，建立金融机构与文化旅游企业之间的沟通平台，加快文化旅游企业信用信息的征集和更新，改善金融服务文化旅游发展的信用环境，加强信用体系建设。另一方面，政府要加强与金融机构的沟通协调，建立政府、银行、证券、保险及中介机构等多方参与的风险缓释体系，而金融机构要积极参与文化旅游项目的全过程，建立重点环节的风险控制，强化信贷风险管控。此外，监管部门还可以建立监管考核制度和评价体系，加强对金融支持文化旅游产业发展的督导。

（二）构建旅游产业和文化产业融合的微观体系

1. 构建文旅产业融合的微观需求体系

旅游产业和文化产业的深入融合还需要对消费者层面的需求市场进行掌控。一方面，从消费者自身消费入手，引导消费者增加对新产品、新业态的认同感，抓住消费者不断转变的需求，不断对产品进行改进，加强产品的创新创意感。另一方面，改进营销方式，增加对新型产品的宣传力度，还可以激发游客自主参与。可构建的旅游与文化融合的需求市场具有多样性。

第一，构建旅游景区景点与文化产品融合的需求市场。这种产品需求市场是将文化创意和设计制作融入旅游景区景点建设中去，借助文化产业的传播渠道，开发出新的产品。比如，将影视剧的拍摄引入景区景点，引导形成一种新的影视文化旅游方式。黄山可供开发影视文化旅游的景区众多，宏村（秀里）影视基地文化产业区的建成，既增加了景区收入，又起到了一定的宣传推广效果。

第二，构建旅游与文化创意产业园模块融合的需求市场。为了迎合旅游者日益变化的内心需求，可以对文化创意进行主题发掘和开发，形成具有新鲜主题和人文亮点的文化创意园区，使之成为新的旅游需求市场。比较典型的如美国的"迪士尼乐园"、北京的"798"文化艺术区、深圳的"锦绣中华"、陕西西安的"大唐芙蓉园"等。

第三，构建旅游与村镇建设融合的需求市场。随着新型城镇化建设和新农村建设的步伐加快，许多地方在小城镇建设和新农村建设规划中，除了改善人居环境、道路交通、基础设施等基础条件以外，还依托当地的文化和自然资源，综合实施特色旅游村镇建设项目，进行旅游主题小镇和乡村文化旅游产品的需求市场开发。依托这些项目的建设，可以实现旅游产业链的延伸，推动特色城镇和乡村的文化保护传承，增强其可持续发展能力。云南的丽江古镇、束河古镇，浙江的乌镇以及安徽的西递宏村都是特色文化旅游小镇产品的典型范例。

第四，构建旅游娱乐与文化产品融合的需求市场。旅游产业发展的构成要素之一就是旅游娱乐，旅游者在旅游过程中对风俗、文化、游戏等进行体验，会使得内心需求得到更多的满足，这也是旅游娱乐存在的意义。据相关资料统计，在经济发达国家，比如欧美等，旅游业总体收入的十分之一是旅游娱乐业的收入。旅游娱乐业如果融入了文化创意和文化产品，就会占据更多的市场份额，实现更好的社会和经济效益。比如美国长盛不衰的歌舞剧"百老汇"，中国广西的"印象·刘三姐""印象·丽江"、河南的"禅宗少林·音乐大典"等实景旅游演艺产品都已成为当地文化旅游产业的重要组成部分。黄山市也充分发挥"非遗"的品牌效应，全面推出了"徽州六绝"旅游表演项目，重点推广了《徽韵》《阿菊》等大型多媒体歌舞和黄梅戏会馆等文艺演出，开发出一批极具文化内涵的特色旅游演艺产品。

第五，构建旅游餐饮与区域文化元素融合的需求市场。全国八大菜系之一的徽菜是安徽旅游的一张靓丽名片，把徽菜的发展创新纳入安徽旅游整体发展体系中，更深层次地挖掘徽菜饮食文化，对打造安徽旅游品牌将起到积极的作用。要想徽菜发扬光大，除了开拓创新菜肴的色、形、味等外观和味道之外，更重要的是以文化丰富菜肴，将深厚的文化底蕴赋予菜肴，将菜肴与文化结合起来，反过来用菜肴传递文化。为了满足人们更高层次的需求，餐饮经营方式新的未来趋势就是迎合旅游餐饮与区域文化元素融合的需求市场。

第六，构建交通旅游与文化产品融合的需求市场。消费者进行旅游活动，飞机、火车、汽车、轮船等是传统的代步工具，在交通环节进行文化产品和旅游产品的融合，通过对传统交通工具的改造，可以形成新的文化旅游需求市场。比如邮轮主题旅游市场，就是融合产生的新市场之一。在我国，也有尝试将旅游符号绘制在飞机机体，开发包机旅游市场；将文化旅游产品植入到火车车体和车厢，比如特色歌舞演艺、旅游产品展示等，形成新的交通旅游亮点等。

第七，构建旅游产品与特色体验融合的需求市场。传统的旅游产品和路线对年轻旅行者和深度旅行爱好者来说，已经越来越没有吸引力了。现如今，旅行者比较看重的是对旅游产品的差异化、个性化和体验式需求。因此，开发适合自驾游、体验游等差异化的旅游市场势在必行。通过分析不同旅游者之间的目的差异，文化旅游企业可以开发差异化旅游需求的主题旅游产品和线路，比如自驾游、徒步游、宗教文化游、航天科技体验游、工业旅游、农耕文化体验游等，这对于优化和丰富文化旅游产品，增强企业竞争力都有重要的意义。黄山市已经开发出了以徽文化深度体验为重点的文化精品旅游市场，围绕徽文化旅游品牌塑造，统筹规划和整合文化资源。

第八，构建旅游与传统民俗节庆融合的需求市场。民俗节庆具有浓郁的地方特色和鲜明的民族、区域人文风情，当地的民俗风情可以通过民俗节庆活动，进行全方位的形象展示，对旅游者有较高的吸引力。将旅游和传统民俗节庆融合开发，除了延展旅游产业的产业链条，增加旅游收入之外，还可以推动对民俗文化的保护和传承。黄山市一方面拥有徽商、徽菜、新安医学、新安画派、徽派建筑等独特的历史文化体系，另一方面还有徽剧、傩舞、仗鼓、目连戏、台阁戏、叠罗汉、舞和合、轩辕车会、徽州祠祭、道教音乐等民间艺术和民俗风情，因此为构建旅游与传统民俗节庆相融合的需求市场提供了平台。相关的文化旅游企业可以开发以传统民俗节庆为特色的文化旅游产品，打造徽文化遗产旅游、节庆旅游、修学旅游和乡村旅游等文化旅游品牌，借力民俗节庆主题会形成极具地方风情特色的新型节庆旅游业态。

2. 构建文旅产业融合的微观供给体系

旅游和文化产业融合的关键是企业本身，虽然在旅游产业和文化产业的融合过程中，政府起着不可忽视的作用，但融合的主体应该是企业，融合的关键也是企业本身。要想更好地促进产业融合的发展，企业之间就必须建立起良好的合作关系。首先，旅游企业应加大对文化产业相关业务的投资力度，利用高新技术，增强旅游产品的经济附加值。再者，旅游企业应同文化企业合力，或采取兼并融合的模式共同打造新的文化旅游产品。最后，文化旅游产业融合所塑造的新融合产品，更具文化内涵和吸引力，企业理所当然应全面提升融合品牌意识。由此可见，深化旅游文化产业融合的关键是要素、业务及市场品牌的融合。因此，企业应切实做好以下三个方面的工作，产业间的壁垒才能真正被打破，实现真正的融合。

第一，创造要素的融合。文化产业与旅游产业之间的融合过程实际上是一个从隐性到显性、循序渐进的发展过程。在产业融合的初期，文化产业和旅游产业的各个环节都会存在融合的机会，处于一种隐性的状态。为了使得各个环节之间的融合进一步发生，突破融合的壁垒，企业就必须对产品进行重新设计和研发，通过多种融合途径，形成富有卖点和核心竞争力的产品。黄山市旅游文化资源丰富，可以通过以下模式来进行融合发展：

首先，通过将黄山的文化、旅游资源融合，结合徽州地区独特的工艺流程和生产技术，将旅游产业的"购、游、食、娱、住、行"六大要素进行整合，为黄山文化产业和旅游产业奠定融合的基础。

其次，为了吸引消费者，企业可以通过高新技术，创造出一系列具有优势的、经济附加值高的文化旅游产品，还可以将文化产业中的高新技术与创新创意结合起来，开发出具有黄山特色的新型旅游产品。同时，相关企业在市场的催化下，也会进行新一轮的市场开发。如徽州文化创意产业园，积极引进影视、动漫等新兴文化产业，统筹推进艺术家创作基地项目建设，引导分散的资源向园区集中，实现文化产业的集聚。

再次，在对黄山文化产业和旅游产业的资源进行融合的情况下，全面推进文化旅游业态深度融合，可以采取 "文化教育＋旅游""体育休闲＋旅游""健康养生＋旅游"等形式。比如，黄山雨润国际旅游度假区建设的体育休闲度假项目，黄山昌仁医养的医疗养生项目；徽菜博物馆暨大型餐饮基地的创意徽菜体验项目；香茗大剧院的文化演艺项目；黄山文创小镇、故宫博物院非遗工作站、黄山百大文化旅游衍生品开发的创意文化项目。

最后，依托当地的文化资源和旅游资源，通过资源整合、技术融合形成新的文化旅游产品，并且新的产品既能提供文化产品的功能，也能体现旅游的功能。比如，近年来，黄山市徽州区立足地域特色，着力构建六大特色文化产业体系，包括发展以新四军军部旧址为代表的红色文化产业，发展以谢裕大为代表的绿色文化产业，发展以"徽州四雕"为代表的传统文化产业，发展以古村落为看点的文化旅游产业，发展以徽州文化创意产业园为载体的创意文化产业和以黄山国际健康产业基地为示范的健康文化产业。

第二，创造空间市场的融合。空间市场融合就是整合现有的文化旅游产品，形成产业集群，并通过产业相互之间渗透发展，实现文化旅游产业一体化。

首先，不同行业的相关业务通过融合都是经过市场作用实现产品功能的，当然在产业融合的经营管理阶段，营销宣传还是必不可少的。比如，将旅游与新闻出版相结合，不仅利用两个产业的功能进行产品和服务的宣传和营销，还可以将出版地景点化，这样就能增加对游客的吸引力。同样，旅游业还可以和音像业进行融合发展，通过发行宣传文化旅游的音像制品来为文化旅游产业发展提供宣传营销服务。

其次，文化旅游融合产业的产业集群效应的形成可以通过将已经发展成熟的旅游区、经济发达区、标志性景观、文化独特地区根据它们的地理空间、文化空间等进行整合，形成区域旅游的重要集散地或者中心地。

再次，在文化旅游产业发展成熟的情况下，将资源、技术、空间、业务、功能和市场的融合结合起来，形成高度发达的、具有完整产业链的文化旅游产业一体化。

第三，打造品牌的融合。在产业融合过程中，不论是文化企业还是旅游企业，都会在各自的领域出现新的产品。企业间的竞争不仅仅是产品的竞争，更是品牌的竞争。而对于这些新型产品品牌的形成，不能仅仅只依赖于一种或几种营销手段，它的培育是以多层次的销售渠道和庞大的市场为基础的。 品牌融合的路径包括以下方面。

首先，实行综合性营销。由于旅游产业涵盖了衣、食、住、行、游、购、娱六个大的方面，这就决定了营销策略应该是综合营销。设立文化旅游宣传营销专项资金，推行整体宣传营销战略，树立统一的文化旅游宣传营销新形象。比如，可以充分利用国际电影节、国际文化旅游节、国际旅游交易会和文化产业博览会等国际、国内重大文化旅游节庆会展活动，加大招商引资力度，宣传、营销文化旅游产品。

其次，宣传手段要多样化。文化旅游的营销可以借助于多种方式，如广播、海报、电视等传统媒体和主流媒体，加大对文化旅游资源、形象、产品的宣传，同时重视网络营销的利用，注重互联网等现代传媒手段，积极构建文化旅游市场网络体系，为文化旅游企业做更好的服务。

再次，培养复合型人才，助推两大产业的有效融合。复合型人才的培养在旅游与文化产业融合过程中起着主导作用，但是，目前却存在着中高端人才缺乏、后备人才队伍不足的问题。企业应该在政府部门的协同下，和相关部门一起制定出有利于复合型人才引进和培养的机制。政府可以加大人才引进力度，制定住房补贴、技术津贴等优惠政策吸引国内外专业人才，健全人才使用、流动、评价和激励体系，营造出利于人才发展的环境；还可以鼓励企业和高等院校、科研机构开展人才培养合作机制，建立人才培养基地，让创新科研人才有机会进行海外培训，吸收国外先进文化和理念。